1. 중요한 단어는 진한 글씨로 표시해 두었어요.
2. 어려운 용어는 *로 표시하고 하단에 설명해 두었어요.

한눈에 제주

글

김수경 | 지난 십여 년, 저에게는 행복한 기억들이 충만합니다. 어린이들과 함께 시간과 공간 너머에 있는 누군가의 목소리에 귀를 기울이던 순간들. 이제 『한눈에 제주』로 더 많은 어린이와 함께할 수 있게 되었습니다. 이 책을 읽은 어린이들이 많아질수록 제 행복의 크기도 더 커지겠지요?

이진희 | 유적지와 박물관, 미술관에서 어린이들이 과거와 현재 때로는 미래로 여행하며, 훌쩍 자란 키만큼 마음의 크기도 자라기를 바랐습니다. <한눈에 보이는 그림책> 시리즈로 친구들과 만나서 행복합니다. 이 책을 읽게 될 어린이 독자들이 항상 도전과 소통을 멈추지 않기를 바라봅니다.

전정임 | 여행을 통하여 어린이들과 만났습니다. 아이들은 모두 사랑스러웠고, 저마다 나름의 별빛을 반짝이며 제게 다가왔고, 마음을 열어 주었습니다. 제가 만난 어린이들의 어여쁘고 용감한 이야기들을 정성을 다해 쓰고 싶습니다. 사계절 아이와 여행 시리즈 『봄 길 남도』 『여름방학 제주』 『가을캠핑 강원』 『겨울손님 서울』을 썼습니다.

그림

김혜원 | 그림책을 만들고 어린이책에 그림을 그립니다. 어릴 적 바닷가 작은 마을에서 보냈던 시간이 소중한 추억으로 남아 바다를 좋아하는 어른이 되었습니다. 제주 동쪽에서 만난 애기바당을 떠올리며 이 책에 그림을 그렸습니다. 지은 책으로는 『아기 북극곰의 외출』 『정말 멋진 날이야』 『고양이』가 있고, 『숲으로 가자』 『오빠가 미운 날』 『누가 올까?』 등에 그림을 그렸습니다.

감수

강만익 | 제주대학교 탐라문화연구원 특별연구원이며, 제주제일고등학교 지리 교사입니다. 제주대 사회교육과 지리교육전공 겸임교수를 지냈고, 제주특별자치도 문화재위원으로 활동했습니다. 역사학을 전공한 문학박사로 『일제시기 목장조합연구(2015)』를 썼습니다.

한눈에 보이는 그림책 1

한눈에 제주

1판 1쇄 발행 2022년 10월 25일
1판 2쇄 발행 2023년 11월 25일

글 김수경, 이진희, 전정임 | **그림** 김혜원 | **감수** 강만익
기획·편집 전연휘 | **디자인** 퍼플페이퍼 | **마케팅** 양경희
펴낸이 전연휘 | **펴낸곳** 안녕로빈 **출판등록** 2018년 3월 20일(제 2018-000022호)

주소 서울특별시 광진구 아차산로 69길 29 8-B106
전화 02 458 7307 | **팩스** 02-6442 7347 | robinbooks@naver.com
@childrenbooks_robin | hellorobin.co.kr

글·그림 © 김수경, 이진희, 전정임, 김혜원 2022
ISBN 979-11-91942-08-8 / 979-11-91942-07-1 (세트)

이 도서는 한국출판문화산업진흥원의 '2022년 중소출판사 출판콘텐츠 창작 지원 사업'의 일환으로 국민체육진흥기금을 지원받아 제작되었습니다.

이 책은 저작권법에 따라 보호받는 저작물이므로 무단 전재와 무단 배포를 금지합니다.
책의 모서리가 날카롭습니다. 던지거나 떨어뜨리면 다칠 수 있으니 주의하십시오.
직사광선이나 습기 찬 곳은 피해서 보관해 주세요.

한눈에 제주

글 | 김수경 이진희 전정임

그림 | 김혜원

감수 | 강만익

안녕로빈

차례

제주의 자연

화산섬, 제주	8
한라산	10
오름	12
곶자왈	14
용암동굴	16
하천	18
해안	20
바다	22
날씨	24
제주의 동식물	26

제주의 역사

구석기 시대	30
신석기 시대	32
청동기, 철기의 제주	34
고대국가 탐라국	36
고려시대의 제주	38

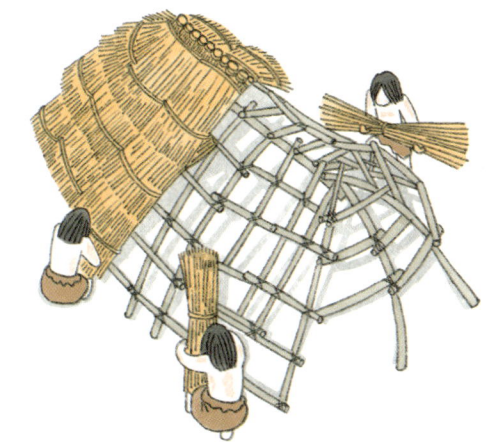

	조선시대의 제주	40
	일제강점기의 제주	44
	광복 이후, 제주 4·3	46

제주의 문화
	설문대 할망 신화	50
	마을 구경	52
	제주 돌집	54
	돌집 안으로	56
	중산간 사람들	58
	바다마을 사람들	60
	곡식 과일 채소	62
	고기 생선 어패류	64
	사계절 즐거운 축제	66
	제주말로 인사해요	68
	이 책을 만든 사람들	70

제주의 자연

지난여름 처음 제주 여행을 다녀온 나은이는 『여름방학 제주』의 주인공입니다.
여름의 생기를 품고 까맣게 그을린 나은이에게 재미있었던 경험을 물어보았어요.
잠시 생각하던 나은이는 곶자왈에서 길을 잃은 이야기를 들려주었어요.
"길은 나무뿌리 아래로 숨어버리고, 보이지 않는 하늘에서 빛이 내려왔어요."
곶자왈은 제주도에만 있는 신비한 숲이에요.
가시나무가 덩굴과 돌들이 뒤엉키고, 후다닥 노루가 뛰면 놀란 긴꼬리딱새가 부르짖어요.
우리도 나은이처럼 제주도의 신비한 자연을 탐험해 보아요.

화산섬, 제주

제주도는 화산 활동으로 만들어진 화산섬이에요. 신생대 제3기 말부터 제4기 초까지 활발한 화산 활동이 있었답니다. 한라산과 수많은 오름, 현무암 덩어리로 이루어진 해안 절벽, 기묘한 바위와 섬들. 이러한 제주도의 독특한 지형은 180만 년 전부터 시작된 **다섯 차례 화산 활동의 결과**입니다.

인류 문명이 탄생하기 전, 마지막 지질 시대는 신생대 제4기예요. 이때 **불의 고리**라고 불리는 **환태평양조산대**에서 대규모의 화산체들이 만들어졌습니다. 제주도는 화산섬이지만 환태평양조산대에서 살짝 벗어나 있습니다.

- 제3 분출기 : 용암동굴
- 제5 분출기 : 백록담
- 제5 분출기 : 오름
- 제4 분출기 : 한라산 정상부
- 제2 분출기 : 성산일출봉
- 제3 분출기 : 한라산 저층부
- 제3 분출기 : 해안저지대
- 제2 분출기 : 서귀포 해안선
- 제2 분출기 : 산방산
- 제1 분출기 : 서귀포층

섬을 만든 다섯 차례 화산 폭발

바닷속에서 일어난 화산 폭발은 얕은 바닷물 아래의 갯벌을 수면 위로 밀어 올렸어요. 오랜 세월 동안 **침식**과 **퇴적**을 반복하면서 **서귀포층**이 만들어졌어요. 현재 서귀포층에서 발굴하는 바다 화석은 120만 년 전 제주도 바다 환경과 그곳에서 살았던 생물을 알려줍니다.

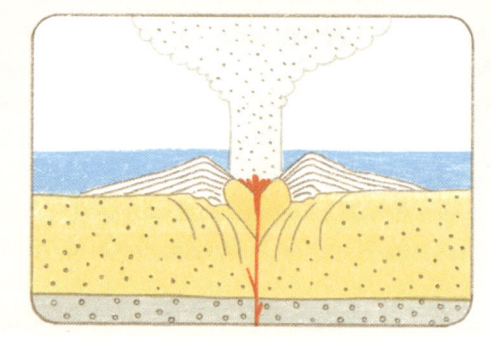

180만 년 전

제1 분출기

120만 년 전

대규모의 화산 폭발이 일어났어요. 용암이 퍼지면서 넓고 평평한 **용암대지**가 만들어졌어요. 산방산과 서귀포를 잇는 해안선을 따라 원시 제주가 만들어졌어요. 바닷속 화산 활동으로 폭발한 **화산재**는 동그랗게 쌓여 성산일출봉이 되었어요.

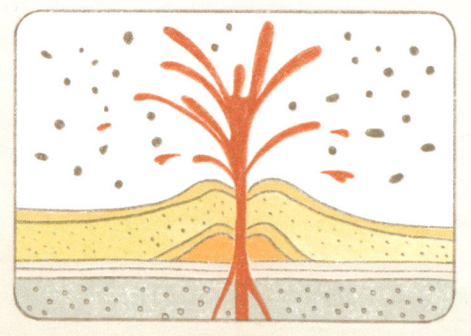

제2 분출기

70만 년 전

10만 년 동안 잠잠하던 화산이 섬 중심부에서 다시 활동을 시작했어요. 수십 차례 용암이 분출하면서 한라산이 생겨났어요. 이때의 한라산은 낮고 경사가 완만했어요. 용암은 땅속으로도 흘러 **용암동굴**을 만들었고, 바다까지 흘러가서 해안 저지대가 되었어요. 지금 제주도의 해안선은 이때 만들어진 거예요.

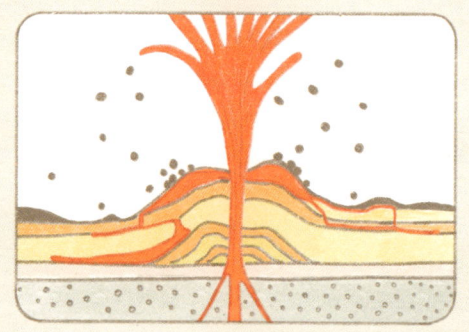

제3 분출기

30만 년 전

제4 분출기에 한라산에서 뿜어져 나온 용암은 점성이 커서 멀리까지 흘러내리지 않고 화산 분화구 주변에 켜켜이 쌓였어요. **한라산 정상**의 가파른 경사 지형이 이때 만들어졌어요.

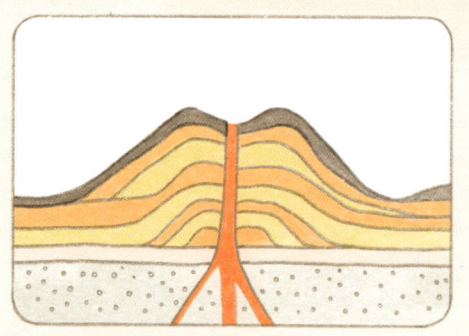

제4 분출기

10만 년 전

한라산 주변에서 폭발한 화산 활동으로 수많은 **오름**이 솟아났어요. 한라산 정상의 분출구에는 빗물이 고여서 **백록담**이 되었습니다. 이때야 비로소 현재의 제주도 모습이 완성되었어요.

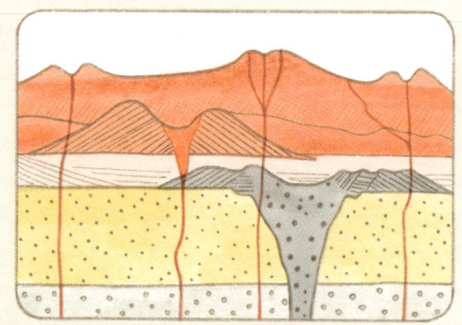

제5 분출기

2만 5천 년 전

한라산

한라산은 해발 1,947m로 우리나라에서 가장 높은 산입니다. 화산 활동으로 생겨난 한라산은 아래쪽이 경사가 완만한 **순상화산**이고, 위쪽은 경사가 가파른 종 모양의 **종상화산**이에요. 높이에 따라 자연환경이 달라서 살고 있는 생물도 다릅니다. 한라산의 특별한 자연환경과 희귀한 생태계는 **유네스코 등록 유산**으로 지정되어 보호받고 있습니다.

한라산의 고산 지대에는 **구상나무 군락**이 있습니다. 환경 운동가들은 기후변화로 한반도에서 사라질 첫 생물이 구상나무가 될 거라고 경고합니다. 구상나무는 한라산의 *깃대종이에요.

한라산에 사는 생물

제주에만 사는 식물
한라산에는 약 1,800여 종의 식물이 살아요. 그 중 한라솜다리, 섬매발톱나무, 모데미풀, 구름체꽃 등 75종은 한라산에만 서식하는 특산 식물입니다.

멸종 위기 동물
제주족제비, 제주도롱뇽, 비바리뱀 등 제주에 사는 몇몇 동물들은 멸종 위기에 맞서며 살아가고 있어요.

새들의 천국
한라산은 새들의 천국입니다. 수십 종의 텃새와 철새, 나그네새가 발견되었어요. 초록 날개와 검은 꼬리를 가진 팔색조는 희귀한 여름 나그네새랍니다.

산지 습지에는 물이끼 군락, 제주도롱뇽 등 수백 종의 습지 생물이 살고 있어요. (숨은물벵듸)

곶자왈은 용암 바위들이 부서지며 얼기설기 쌓인 땅에 식물이 뿌리를 내리면서 만들어진 독특한 환경의 숲입니다.

*깃대종 : 지역의 생태, 지리, 문화 특성을 대표하는 생물종으로 그 지역의 생태계 변화를 알 수 있어요.

고도에 따라 다른 생태 환경

한라산 정상의 **백록담**은 화산 분화구에 비가 내려서 만들어진 호수예요.

고산지대에 사는 **산굴뚝나비**는 한반도에서는 한라산에서만 살고 있어요. 한라산의 *깃대종으로 지정되었어요.

봄에 피는 **털진달래**는 노루가 즐겨 먹는 식물이에요.

돌매화나무는 얼핏 보면 바위 위에 자라는 작은 풀꽃 같지만, 세상에서 가장 작은 나무입니다.

중산간 지역의 숲에서는 **노루**를 자주 볼 수 있습니다.

산기슭 양지바른 곳에는 키 큰 **굴피나무**가 자라요. 고슴도치처럼 뾰족뾰족한 열매가 열리고 껍질이 두꺼워요. 껍질은 물에 잘 썩지 않아 그물을 만드는 재료로 사용했대요.

중산간 지대의 **넓은 초지**에서는 소와 말을 키우기에 적당해요.

잎이 무성한 팽나무 그늘은 사람들이 모여 쉬는 곳이에요. 제주에서는 폭낭이라고 불러요.

아열대기후에서만 볼 수 있는 **남방공작나비**가 살아요.

가축 방목을 금지하고 평균 기온이 높아졌기 때문에 저지대에는 **조릿대**가 번성하고 있어요. 조릿대는 다른 식물의 서식지를 침범하고 있어요.

해발 고도

1,947M

아고산대
낮은 기온과 강한 바람에 적응한 침엽수나 키 작은 고산식물들이 살아요.

1,400M

온대 낙엽 활엽수림대
굴피나무 같은 온대 낙엽활엽수가 숲을 이루어요.

600M

난대 상록 활엽수림대
황칠나무, 녹나무, 팽나무, 후박나무 등 난대 상록활엽수가 자라요.

200M

오름

화산 활동이 활발하던 10만 년 전, 한라산 기슭부터 동쪽과 서쪽 해안까지 작은 화산들이 폭발했습니다. 큰 화산 주변에서 폭발하는 작은 화산을 **기생화산**이라고 해요. 제주에서는 **오름**이라고 불러요. 제주도에는 오름이 368개나 있습니다. 대부분의 오름은 움푹 파인 분화구 주변에 *화산송이가 쌓인 언덕이지만 그 외에도 다양한 모양의 오름이 있어요. 오름마다 자연환경 또한 다양합니다.

오름에서 볼 수 있는 자연환경

습지가 있는 오름 화산의 암석은 조직이 성글어서 물이 고이지 않지만, 몇몇 오름의 분화구 속 암반은 조직이 치밀해서 물이 고여 있어요. 물이 고여 생겨난 습지는 생물다양성이 풍부한 곳이 되었어요. (물장오리오름)

초지로 덮인 오름 풀로 뒤덮인 부드러운 능선이 아름다워요. 산이 많은 우리나라에서는 보기 드문 풍경입니다. 원래부터 초지였던 곳도 있지만, 대부분 가축을 방목하려고 일부러 나무를 베어내고 초지로 만들었어요. (아끈다랑쉬오름, 용눈이오름)

용암동굴이 있는 오름 용암 동굴 주변에서는 수직동굴, 풍혈, 용암 함몰구 등 화산 폭발의 흔적을 볼 수 있어요. (거문오름)

숲이 있는 오름 숲이 잘 보존되어 있는 오름은 온대림과 난대림이 어우러진 울창한 곶자왈이 되었어요. (저지오름, 거문오름)

*화산송이 : 용암이 1,600도 이상 고온으로 분출될 때 만들어지는 화산분출물이에요.

독특한 생김새의 오름

산굼부리 용암이 흐르고 난 뒤, 땅속 빈 곳으로 지표면이 꺼져서 생긴 분화구를 제주 사람들은 굼부리라고 불러요. 백록담보다 큰 산굼부리 안에는 숲이 우거져 있습니다.

산방산 점성이 큰 용암은 쉽게 흐르지 않고 부풀어 오르며 높게 쌓였어요. 분화구가 없는 종 모양의 산방산은 제주도의 대표적인 종상화산이에요. 산방산은 한라산보다 훨씬 오래된 화산이에요.

성산일출봉 바닷속에서 화산이 폭발할 때, 뜨거운 용암과 찬 바닷물이 만나 화산재가 분화구 둘레에 차곡차곡 쌓였어요. 그 모양이 마치 성곽 같아서 '성산'이라고 불렸어요. 원래는 섬이었어요. 5천 년 전에 육지와 이어졌습니다.

곶자왈

*곶자왈은 용암 바위들이 부서지며 얼기설기 쌓인 땅에 식물이 뿌리를 내리면서 만들어진 숲입니다. 흙이 많지 않은 곳이라 처음에는 식물이 뿌리내리기 어려웠어요. 경작도 어려워서 오랫동안 사람의 손이 닿지 않았어요. 덕분에 **곶자왈**은 독특한 환경의 숲이 되었어요. 대체로 해발 200~400m 사이에 위치합니다.

용암 바위들이 무너지면서 생긴 작은 바위틈을 **숨골**이라고 불러요. 숨골을 통해 지상과 지하의 공기가 순환됩니다. 지하에서 불어오는 바람은 여름에는 시원하고 겨울에는 따뜻하게 느껴져요. 곶자왈 온도가 크게 변하지 않는 이유예요.

곶자왈에는 흙이 많지 않아요. 씨앗은 바위틈에서 싹을 틔우고 나무는 뿌리로 바위를 움켜쥐고 성장해요.

곶자왈의 땅속에는 **지하수**가 흐릅니다. 큼직한 화산석이 울퉁불퉁 쌓여있는 성긴 바위틈은 빗물이 땅속으로 들어가는 통로예요. 땅속에 저장된 빗물이 뿜어내는 습기로 곶자왈은 항상 습도가 높아요.

*곶자왈 : 제주말에서 '곶'은 나무와 가시덩굴이 얼크러진 원시림, '자왈'은 자갈돌이 많은 곳을 뜻해요.

곶자왈에는 어떤 생물이 살까?

온도와 습도가 일정한 곶자왈은 수많은 동식물의 보금자리에요. 온대 식물인 붉가시나무와 동백나무, 난대 식물인 때죽나무, 단풍나무가 서로 이웃하여 살고 있어요. 추위와 무더위를 피하고 먹이와 물을 구하러 동물이 이곳을 찾아와요.

긴꼬리딱새와 **팔색조**는 여름에 곶자왈을 찾아오는 철새입니다.

예전에는 **소**를 풀어서 키웠어요. 비바람과 추위를 피할 수 있고, 물과 먹이를 쉽게 구할 수 있기 때문이에요.

곶자왈에서 자라는 종가시나무를 베어 숯을 만들었어요. **가마터**가 지금도 남아 있습니다.

사람들은 **땔감**을 얻고 **약초**를 채취했어요. 곶자왈은 거친 숲이지만 소중한 삶의 터전이었습니다.

겨울이 되면 한라산의 **노루**들은 따뜻한 곶자왈에 와서 겨울을 난답니다.

개가시나무, **제주고사리삼** 은 곶자왈에서만 자라요.

용암동굴

10~30만 년 전, **화산 활동**이 활발하던 시기에 용암동굴이 만들어졌어요. 제주에는 209개의 동굴이 있는데 이 중 178개가 용암동굴입니다. 우리가 갈 수 있는 동굴은 정해져 있어요. 대부분은 동굴의 환경을 보호하기 위해 전체를 개방하지 않아요.

용암동굴은 어떻게 생겨났을까?

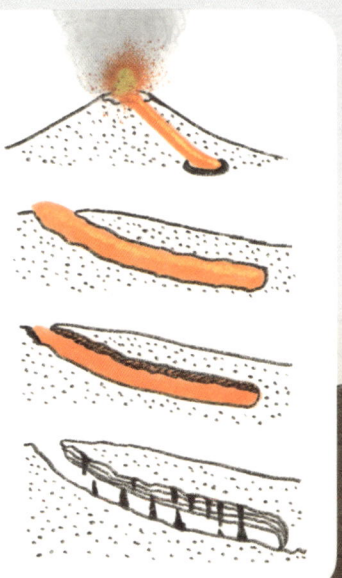

1. 화산이 폭발해서 용암이 분출했어요.

2. 용암은 땅속에 길을 만들며 강처럼 흘렀어요.

3. 공기와 닿은 바깥 부분은 빠르게 식으며 굳었고, 뜨거운 안쪽으로는 용암이 계속 흘러갔어요.

4. 용암이 흘러간 자리에 동굴이 생겼어요. 동굴 안에 남은 용암이 흘러내리며 다양한 용암 지형을 만들었어요.

동굴에서 찾은 용암의 흔적

용암 유선
흘러가는 용암의 가장 윗부분이 동굴 벽에 남긴 선이에요. 용암 유선의 개수를 세어보면 동굴에 용암이 몇 번 흘렀는지 알 수 있어요.

V자형 바닥
많은 용암이 한꺼번에 밀려갈 때 바닥에 움푹 홈이 패었어요.

용암 석주
천정에서 떨어진 끈적한 용암이 기둥이 되었어요. 천장에 매달린 종유석과 바닥에 떨어진 석순이 연결된 거예요.

용암 석순
천정의 용암이 바닥에 떨어져 쌓인 것이 마치, 바닥에서 솟아난 새순 같아요.

밧줄 흔적
끈적한 용암이 밀려가며 생긴 자국이 밧줄이 지나간 흔적 같아요.

용암 발가락
동굴 바닥으로 쏟아져 내린 용암이 여러 갈래로 흘러 굳은 모양이 거인의 발가락 같아요.

하천

화산재와 용암으로 이루어진 땅은 구멍이 숭숭 뚫려 있어서 빗물이 땅속으로 빠르게 스며들어요. 제주도 대부분의 하천은 평상시에는 물이 흐르지 않는 **건천**이에요. 스며든 빗물은 땅속으로 흐르다가 단단한 암석 지대에서 모입니다. 땅속의 지하수는 해안 가까이서 땅 위로 솟는 **용천**이 되고 바다로 떨어지는 **폭포**가 됩니다.

바닷물과 용천수가 만나는 곳은 **해수탕**이나 물놀이 장소가 되었어요. (황우지해안)

지하로 흐르던 물은 치밀한 조직의 돌이 두껍게 깔린 곳에 다다르면 더 이상 땅속으로 흐르지 못해요. 땅 위로 솟아 나온 물은 **웅덩이**를 이루고, 절벽에서 쏟아져 내리며 **폭포**가 되어요. (천지연폭포, 천제연폭포)

제주 여인들은 물허벅을 지고 먼 거리를 걸어가 해안가의 **용천**에서 물을 길어 먹었습니다.

한라산 정상에서 시작한 하천은 대부분 지하로 물이 흐르는 **건천**이에요.

중상류에는 늘 물이 고인 **웅덩이**가 있어요. 옛날부터 멧돼지 같은 동물들이 물을 먹으러 오는 곳이에요. (돈내코, 원앙폭포)

평소에는 **기암절벽**이지만 비가 퍼붓는 날에는 높은 곳에서 **폭포수**가 광음을 내며 떨어져요. 물웅덩이에 자욱한 물보라가 근사합니다. (엉또폭포)

한라산에서 제주 남쪽으로 흐르는 효돈천 하류에 **민물과 바닷물**이 합쳐지는 계곡에서 제주 전통 나무배인 테우를 타 볼 수 있어요. (쇠소깍)

해안

화산에서 분출한 뜨거운 용암은 차가운 바닷물과 만나 빠르게 식었습니다. 튀어 오른 **화산석**과 하늘을 뒤덮은 **화산재**가 해안에 쌓여서 기둥 모양의 절벽과 시루떡 모양의 절벽, 울퉁불퉁한 검은 해변을 만들었어요. 해변은 파도와 바람에 깎이면서 원래의 암석층과 화산암층이 섞여 다양한 색을 띠게 되었어요.

층리 바다 밑에서 화산이 폭발할 때 날린 화산재가 층층이 쌓였어요. 두껍게 쌓인 화산재는 오랜 시간 동안 바람과 물에 깎여서 절벽 해안이 되었어요. 마치 파도가 일렁이는 것 같아요. (용머리해안)

서귀포층 서귀포 해안에는 120만 년 전에 분출한 화산재가 쌓여서 치밀한 조직의 응회암이 되었어요. 쌓인 화산재가 굳을 때에 바다의 조개들도 같이 쌓였어요. (서귀포층 패류 화석산지)

홍조단괴 해빈 홍조단괴는 석회질의 홍조류가 모래의 표면에 붙어서 동그랗게 자란 하얀 덩어리예요. 홍조단괴로 덮인 해변은 하얗게 빛난답니다. (우도 해변)

주상절리 흐르는 용암은 빠르게 식으면서 육각형이나 오각형으로 줄어듭니다. 수축한 모양 그대로 굳어져 만들어진 기둥을 '주상절리'라고 해요. (중문 대포 해안)

조간대 밀물 때는 바다에 잠기고 썰물 때는 바닥이 드러나는 곳이에요. 바위나 모래로 덮여 있고 높이에 따라 서식하는 생물들이 달라요. 예를 들면 상부에는 거북손, 중부에는 배말, 하부에는 굴이 살아요. 썰물 때 가서 보면 웅덩이에 사는 바다 생물들을 쉽게 볼 수 있어요.

바다

제주의 바다는 쿠로시오 해류에서 갈라진 **황해 난류**의 영향으로 바닷물이 따뜻해서 일 년 내내 아열대성 어류를 볼 수 있어요. 바닷속은 150m 내외의 깊이가 얕은 평탄한 *대륙붕 지형이라서 어류가 살기에 좋은 환경이에요. 한반도 주변 바다에 서식하는 어종의 절반이 넘는 어류가 제주 바다에 살고 있어요.

남서태평양에서 밀려온 따뜻한 쿠로시오 해류는 한반도 남쪽에 이르러 동쪽과 서쪽으로 나누어져요. 그중 서쪽으로 흘러가는 황해 난류의 영향으로 제주도 바닷물은 겨울에도 따뜻해요.

제주 바다에는 따뜻한 바다를 좋아하는 **난대성 어류**와 **아열대성 어류**의 물고기들이 살고 있어요.

*대륙붕 지형 : 바닷물에 잠긴 육지와 연결된 수심 200m 내외의 경사가 완만한 해저 지형을 말해요. 좋은 어장과 자원이 많아 경제 가치가 높아요.

서귀포 앞바다에 있는 무인도 주변 바다는 우리나라에서 보기 힘든 해양 생물들이 나타나는 중요한 곳이에요. (문섬, 범섬, 섶섬)

등에 숫자 1이 쓰인 돌고래를 본다면 "제돌아!"라고 불러 주세요. 동물원에서 돌고래쇼를 하다가 바다로 돌아간 **남방큰돌고래**랍니다. (대정 신도리 앞바다 남방큰돌고래 서식지)

제주 바다에는 참고래, 돌고래, 남방큰돌고래, 상괭이 등 여러 종의 **고래**가 살고 있어요.

따뜻한 바다는 산호가 살기에 적당합니다. 제주 연안 바다에는 92종의 산호가 살고 있는 **산호 군락지**가 있습니다. 그중 겉면이 부드럽고 줄기가 유연한 **연산호**가 군락을 이루는 곳은 아름다운 곳이 유명합니다. (서귀포 문섬 연산호 군락지)

웃는 얼굴의 **상괭이**는 우리나라 토종 돌고래로 등지느러미가 없답니다. 그물에 걸려 죽는 경우가 많아서 보호가 시급해요.

날씨

제주도는 **온대기후대**와 **아열대기후대**의 경계에 있어요. 난류가 흐르는 섬이라서 따뜻하고 습도가 높아요. 겨울에는 **북서계절풍**, 여름에는 **남동계절풍**의 영향을 강하게 받습니다. 섬 중앙에 우뚝 선 한라산이 제주도 날씨에 크게 영향을 미칩니다.

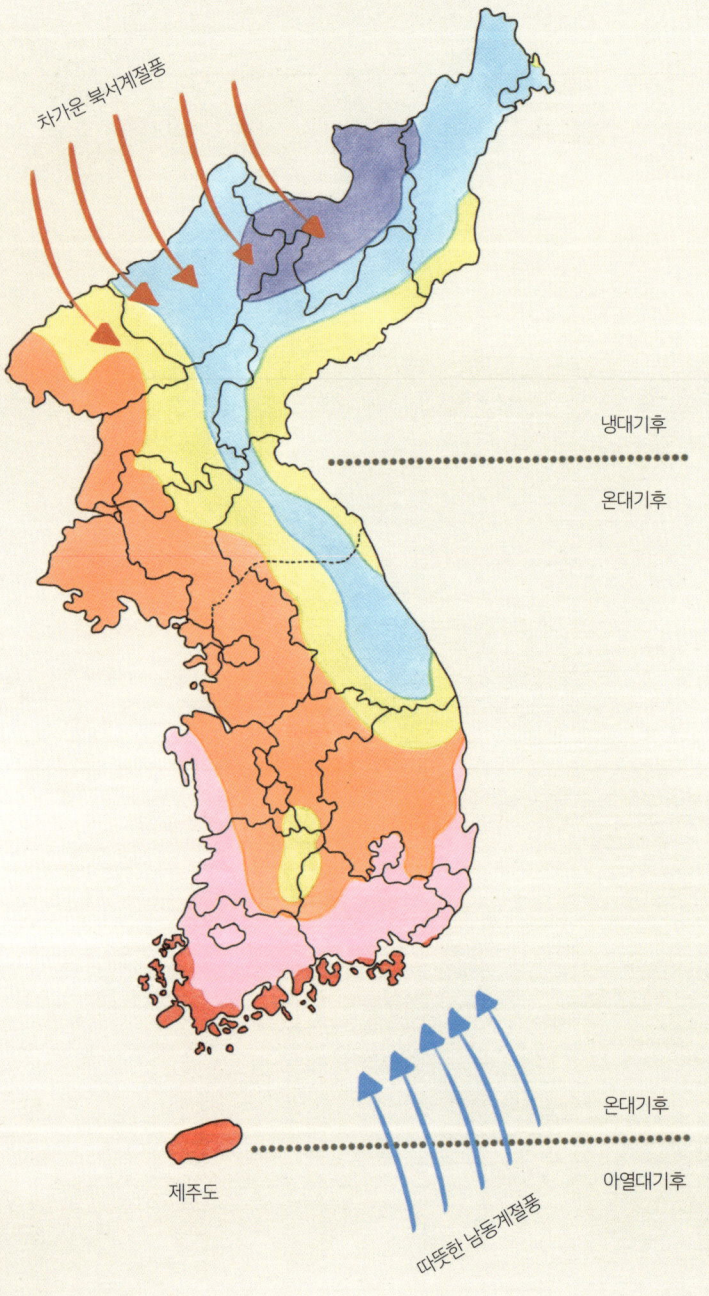

기온

쿠로시오 난류의 영향으로 제주의 바다는 일 년 내내 따뜻해서 겨울과 여름의 기온차가 작아요. 제주도는 겨울에도 주로 영상의 기온이고 한반도에서 봄이 가장 먼저 오는 곳이에요.

겨울에도 따뜻한 서귀포 지역
제주도 남쪽의 서귀포 지역은 우리나라에서 가장 따뜻한 곳이에요. 높은 한라산이 차가운 **북서계절풍**을 막아 주기 때문이에요.

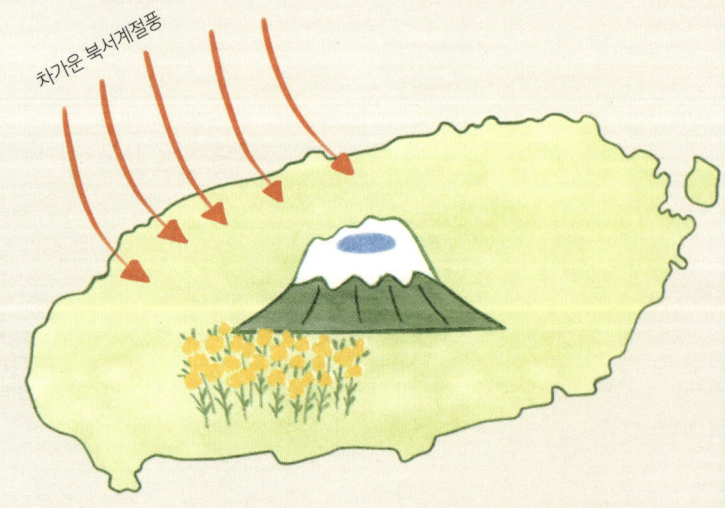

강수

제주도는 눈과 비가 많이 내리는 곳입니다. 여름철에는 **남동계절풍**이 불어와 덥고 습합니다. 겨울철에는 차가운 **북서계절풍**이 제주도 바다의 따뜻한 기운과 만나서 대기가 불안정하고 눈이 많이 내립니다.

비가 많은 여름
남동풍이 부는 여름철, 특히 **태풍**이 통과할 때는 한라산 남동쪽에 비가 많이 내려요.

따뜻한 남동계절풍

눈이 많은 겨울
한라산 북쪽 중산간은 **북서계절풍**의 영향을 받아 눈이 많이 내립니다. 쌓인 눈은 이듬해 봄까지 잘 녹지 않아요.

바람

제주도는 바람이 많이 부는 것으로 유명합니다. 바람이 부는 날도 여러 날이고 바람의 세기도 강합니다.

저지대에 부는 강한 바람

고지대에 부는 더 강한 바람

날아가는 해안 모래
북서계절풍이 불면 북쪽 해안의 모래가 멀리까지 날아갑니다. 모래가 날리는 것을 막기 위해 해안에 비닐을 덮어 두어요. 밭이나 과수원에 모래가 쌓이면 농사에 방해가 되고, 해수욕장 해변에 모래를 보충해야 하는 어려움이 있기 때문이에요.

제주의 동식물

제주는 **난대기후**와 **한대기후**가 공존하는 곳이라서 난대 생물과 한대 생물이 함께 살고 있어요. 또 생물의 이동이 자유롭지 않은 섬이라서 고유한 특성이 보전된 생물이 많아요. 이곳의 독특한 생물자원을 보호하기 위해 유네스코는 제주도 전역과 해안선으로부터 5.5km까지의 바다를 **생물권보전지역**으로 정하여 보호하고 있어요.

난대기후에서 살아요

귤나무는 초여름에 꽃을 피우고 한겨울에 노랗고 새큼한 귤열매를 맺어요.

저지대에서는 아열대기후에 사는 **남방공작나비**를 만날 수 있어요.

동백나무의 붉은 꽃은 한겨울에 피어납니다. 암녹색 동박새는 동백꽃의 꿀을 좋아해요.

황칠나무는 사철 푸른 상록수입니다. 나무의 노란 진액은 가구를 반짝이게 하는 칠의 재료로 쓰여요.

한대기후에서 살아요

보송한 솜털 옷을 입은 **한라솜다리**는 한라산 정상에서만 사는 고산식물이에요.

산굴뚝나비는 1,300m 이상의 고지대에 살아요. 흑갈색 날개에 뱀눈 무늬가 있어요.

서양에서 크리스마스 나무로 사랑받고 있는 **구상나무**는 우리나라 고유종이에요. 1,300m 높이의 한라산 고지대에 서식해요.

해발 1,900m 산꼭대기에는 키가 50cm 정도로 작은 **제주산버들**이 강한 바람에 적응해서 살아요. 고작 360여 그루만 남아있는 희귀 멸종위기식물이에요.

제주도에 살고 있는 특별한 생물

숲에서 야영할 때 조명등 주변에서 사슴벌레를 발견하면 자세히 살펴보세요. 노란 몸에 점무늬가 선명한 **두점박이사슴벌레**는 등불 주변으로 잘 모입니다.

검은별고사리는 뿌리와 포자가 검은색이에요. 제주 어디서나 흔했지만 곳곳이 개발되면서 빠르게 사라지고 있어요.

긴꼬리딱새는 제주에 찾아오는 여름 철새에요. 수컷은 기다란 꼬리를 가지고 있어요. 멋진 모습으로 암컷의 눈길을 끈답니다.

삼도 파초일엽은 길고 넓은 잎을 가지고 있어요. 마구잡이 채집 때문에 멸종 위기종이 되었어요. 천연기념물로 보호받고 있어요.

흑비둘기는 몸집이 크고 깃털은 광택이 나요. 상록활엽수림에 살아요. 우리나라에서는 울릉도와 제주도에 살고 있어요.

천만년 전에도 있었던 원시 고사리가 제주 곶자왈에서 발견되었어요. **제주고사리삼**은 겨울에도 잎이 푸르러요. 세계에 단 1종만 존재해요.

비바리뱀은 옅은 갈색의 가늘고 긴 뱀이에요. 건조한 산등성에 살아요.

제주등줄쥐는 주로 곡식을 먹고, **제주땃쥐**는 곤충을 먹어요.

제주의 역사

나은이는 제주에서 살아있는 말을 처음 보았어요.

당근을 건네자, 조랑말이 다가와서 낼름 받아먹었대요.

"귀를 흔들며 푸르르 콧김을 내뿜는 모습이 귀여웠어요.

그런데 제주도에는 왜 이렇게 말이 많아요?"라며 나은이는 궁금해했어요.

그건 제주의 역사에서 답을 찾을 수 있어요.

구석기 시대

약 180만 년 전에서 10만 년 전 사이 바다 깊은 곳에서 일어난 여러 차례의 화산 활동으로 제주도가 만들어졌어요. 섬에는 다양한 생물들이 번성했습니다. 7~8만 년 전에는 한반도에서 구석기인이 이주해 왔어요. 구석기인은 사냥, 채집, 어로 활동을 했고 먹을 것을 따라 이동하며 주로 동굴이나 바위 그늘에서 살았습니다.

한반도와 연결된 땅이었어요

10만 년 전, 빙하기 한반도 주변 바다는 땅이었어요. 빙하기의 제주도는 섬이 아닌 한반도와 연결된 대륙의 한 부분이었어요.

사람의 발자국 화석 제주 해안에서 사람 발자국 화석이 많이 발견되었어요. 구석기 시대 발자국 화석은 아시아에서는 중국에 이어 두 번째로 발견되었어요. (안덕면 사계리와 대정읍 상모리)

대륙의 동물 화석 구석기인이 살던 동굴에서 시베리아나 알래스카 지방에서만 살았던 황금곰과 순록의 뼈가 발견되었어요. 당시 제주가 육지였다는 것을 알 수 있어요. (빌레못 동굴)

먹을거리를 찾아 이동했어요

바닷가에서 조개를 줍고 물고기를 잡았어요.
작살이나 낚싯바늘 같은 도구를 이용했지요.

무리지어 큰 동물을 사냥했어요.

큰 돌덩어리를 깨뜨려서 뗀석기를 만들었어요.

머무는 곳에 먹을 것이 부족해지면 새로운 장소로 이동했어요.

추위와 비바람을 피해 동굴에서 생활했어요.

풀이나 과일을 채취하는 것은 먹거리를 얻는 중요한 활동이었어요.

BC

BC 390만 년
최초의 인류 출현

제1 분출기 서귀포층 형성

BC 120만 년

제2 분출기 원시 제주 형성

BC 70만 년
한반도 구석기 시대

제3 분출기 한라산 형성

BC 30만 년

제4 분출기 한라산 상층부 형성

BC 10만 년

제5 분출기 기생화산 형성

BC 2만 5천 년

신석기 시대

1만 년 전의 오래된 신석기 시대 유적지입니다. 신석기인은 빙하기가 끝난 새로운 자연환경에 점차 적응했어요. 해안에서 멀지 않은 평평하고 너른 땅에 정착해서 작은 동물을 사냥하며 살았습니다. 그러다 점점 사는 곳을 넓혀나갔고 생활이 안정되어 갔어요.

바위그늘집에서 살았어요

한반도의 육지에 사는 신석기 시대 사람들은 움집을 만들어서 살았어요. 하지만 제주도에서는 신석기인이 만든 집터가 발견되지 않았어요. 그 대신 10여 개의 동굴 집과 30여 개의 바위그늘 집이 유적으로 남아있어요.

언덕 위 바위그늘
화산 활동으로 만들어진 동굴입니다. 겉보기에는 좁고 답답해 보이지만, 안으로 들어가면 넓고 평탄한 돌바닥이 펼쳐져 있어요. 유적을 발견한 당시에 동굴 안에는 시꺼멓게 탄 흙과 재가 있었고 갈판과 갈돌이 발견되었어요.

샘이 솟는 바위그늘
비와 바람을 피할 수 있는 바위 그늘은 구석기 시대부터 사람들이 살았던 곳입니다. 용천수가 솟아나는 해안가 근처 바위 안에는 흐르는 물이 있어서 사람이 살기 좋은 장소였어요. (*생수궤 바위그늘)

*생수궤 : 샘물을 뜻하는 '생수'와 바위 동굴을 뜻하는 제주어 '궤'가 합쳐져 만들어진 지명입니다.

새로운 도구를 만들었어요

사냥과 낚시 도구

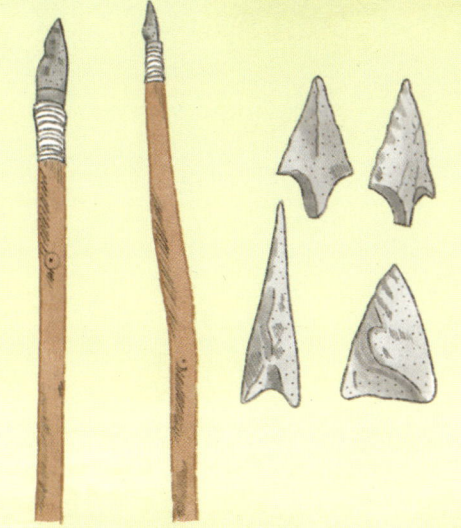

돌작살, 돌화살촉, 낚싯바늘 같은 새로운 도구를 만들어서 사냥과 낚시를 했어요.

제주도의 땅은 농사를 짓기에 적당하지 않아요. 그래서 신석기 시대에도 제주도 사람들은 **사냥과 어로, 채집**으로 먹거리를 구했어요.

조리 도구

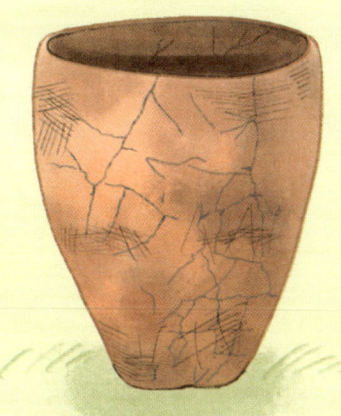

고산리 토기는 빗살무늬토기보다 약 2천 년 정도가 빠릅니다. 바닥이 평평한 그릇에는 흙을 반죽할 때 섞인 식물의 줄기 흔적이 또렷하게 남아 있어요.

채집한 열매의 껍질을 벗겨서 **갈판과 갈돌**로 가루를 만들었어요.

빙하기 종료

BC 1만 년

간빙기 시작

한반도 신석기 시대

BC 3천 5백 년

메소포타미아 최초의 도시 문명 탄생

청동기, 철기의 제주

제주도에는 청동기와 철기 시대의 마을 유적지가 남아 있습니다. 제주도는 농사짓기가 어려운 환경이라서 청동기 시대에 이르러서야 **곡식을 재배**했어요. 평탄한 구릉지나 바닷가에서 점차 **큰 마을**을 이루어 무리지어 살았고 인구가 점차 늘어났습니다.

힘센 사람들이 마을을 이끌었어요

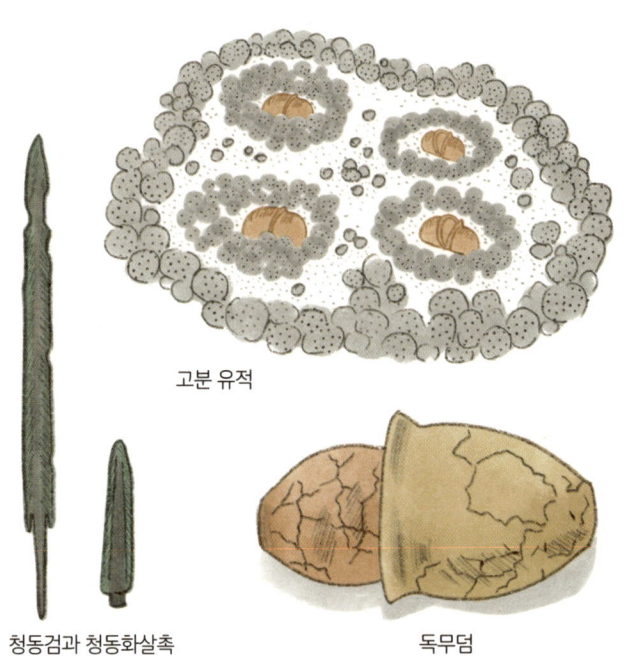

고분 유적

청동검과 청동화살촉

독무덤

제주식 고인돌
고인돌은 청동기 시대 지배자의 등장을 알리는 대표적인 유물입니다. 하지만 제주도의 고인돌은 좀 더 늦은 시기인 초기 철기 시대 유물로 알려져 있습니다. 또 육지의 고인돌과는 다르게 5개 이상의 굄돌이 덮개돌을 떠받치고 안쪽에 석실을 만들었어요. (제주 용담동 제주식 고인돌)

독무덤
두 개의 항아리를 맞붙여 만든 독무덤이 철기 시대 유적지에서 발견되었어요. 독 안에는 부장품으로 청동검과 청동화살촉이 있었어요. (제주 용담동 고분)

다른 나라와의 교류 흔적
무덤에서 발견한 화려한 장신구는 지배계급이 있었음을 알려줍니다. 유물 중에는 중국이나 다른 나라에서 만든 것도 있어요. 제주 사람들이 중국이나 일본, 한반도의 다른 여러 나라와 교류했던 증거예요.

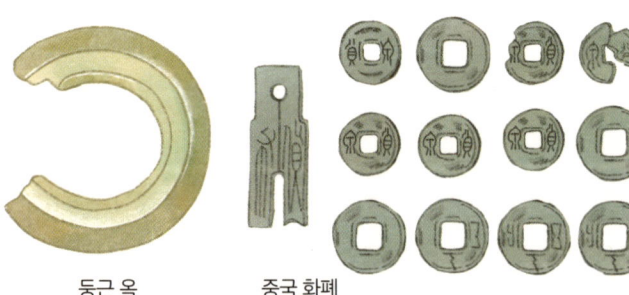

유리 장신구　　　둥근 옥　　　중국 화폐

큰 마을에 여럿이 모여 살았어요

제주 삼양동 유적
청동기와 초기 철기 시대 사이에 해안가의 평평한 땅에 큰 마을을 이루고 살았던 유적이에요. 중앙에 타원형의 구덩이를 만들었고 그 양쪽에는 기둥을 세운 구멍이 남아 있어요.

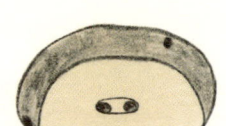

농업의 시작을 알리는 유적
갈돌과 반달돌칼, 불에 탄 곡식이 발굴되었어요. 이 시기에 농사를 지었다는 흔적이에요.

불에 탄 곡식

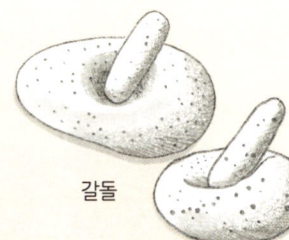
갈돌

발굴 토기

조개무지 유적

한반도 청동기 시대

BC 2333년
고조선 건국

BC 500년
철기문화 전파

BC 108년
고조선 멸망

BC 57년
신라 건국

BC 37년
고구려 건국

BC 18년
백제 건국

고대국가 탐라국

한반도에 고대국가가 세워지던 때에 제주는 탐라국이었어요. 제주도에 많이 사는 **고 씨, 양 씨, 부 씨**는 탐라국을 세운 세 신인의 후손이랍니다. 탐라국 신화와 역사를 살피면 탐라국이 어떤 나라였는지 상상해 볼 수 있어요.

탐라국 신화의 의미는?

아주 먼 옛날에 한라산의 북쪽 기슭에서 양을나, 고을나, 부을나라는 세 명의 신인이 솟아났습니다. 신인들은 사이좋게 사냥을 하면서 지냈습니다.

시조가 세 명인 것은 여러 부족이 모여 탐라국을 세웠다는 것을 의미해요.

그러던 어느 날 제주 동쪽 먼바다에서 나무 상자가 떠밀려 왔습니다. 그 안에서 벽랑국 공주 세 명이 곡식 씨앗을 이고 가축을 몰고 나왔습니다.

벽랑국 공주 이야기로 바다 건너 외래문화가 들어왔다는 것을 추측할 수 있어요.

고을나, 양을나, 부을나는 세 명의 공주와 결혼했어요. 신인들은 활을 쏴서 자신의 화살이 떨어진 곳으로 가서 각자 터를 잡고 살기 시작했어요.

세 명의 신인이 쏜 화살이 떨어진 곳은 제주시의 일도동, 이도동, 삼도동이에요.

그들은 공주가 가져온 씨앗을 뿌리고 가축을 길렀어요. 해가 갈수록 마을은 번성하여 탐라국이 세워졌어요.

제주 삼성혈은 세 신인이 땅에서 나온 구멍이라고 알려져 있어요. 제주 사람들은 지금도 이곳에서 해마다 제사를 지내고 있어요.

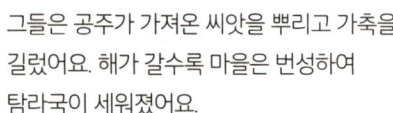

삼국과 탐라국은 어떤 관계였을까요?

삼국사기

백제 문주왕에 곡물을 바친 탐라 (476년)
『삼국사기』에는 탐라국의 사신이 바친 토산물로 백제 문주왕이 크게 기뻐하여 탐라의 왕에게는 좌평, 사신에게는 은솔이라는 높은 관직을 주었다는 기록이 남아있습니다.

삼국시대 탐라의 외교 (498년)
삼국시대에 탐라는 신라와는 교역하고 고구려에는 특산물인 진주를 보냈습니다. 이에 화가 난 백제 동성왕은 탐라를 공격하려고 군사를 일으켰습니다. 탐라는 발 빠르게 사신을 보내서 전쟁을 피할 수 있었습니다. 그 후로 탐라가 신라, 고구려와의 교역을 중단했다는 기록이 남아 있습니다.

신라의 적으로 기록된 탐라 (643년)
신라 선덕여왕은 황룡사 9층 목탑을 세우면서 각 층에 아홉 개의 적을 새겨 넣었는데 그중 탐라가 4층을 차지했어요. 탐라가 신라에 만만치 않은 나라였다는 뜻입니다.

황룡사 9층 목탑

나당 연합군과 싸운 탐라 (660년)
삼국시대 말에 신라와 당나라 연합군에게 백제군이 밀리자, 탐라는 군사를 보내 백제를 도왔습니다. 백제가 멸망한 후에 백제의 부흥을 위해 유민들과 힘을 보아 백강에서 전투를 벌였지만 백제의 참패로 전쟁이 끝났어요.

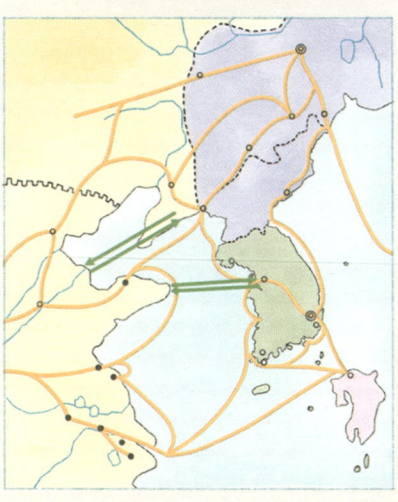

탐라 외교 지도

독립을 유지한 탐라 (백제 멸망 이후)
탐라는 신라에 항복하는 대신 독립을 유지했어요. 신라왕은 탐라 왕족에게 벼슬을 주고 나라 이름을 '**탐라**'라고 지어주었어요.

신라를 견제한 탐라 (백제 멸망 이후)
탐라는 신라에 정기적으로 공물을 보내면서도 당나라와 왜와도 외교를 계속하면서 신라를 견제했습니다.

BC 57년 신라 건국

BC 37년 고구려 건국

BC 18년 백제 건국

AD

660년 백제 멸망

668년 고구려 멸망

676년 신라의 삼국 통일

696년 발해 건국

고려시대의 제주

고려 초기에 탐라국은 고려의 간섭을 받기는 했지만 엄연한 독립 국가였어요. 고려 태조도 탐라의 왕을 *성주라고 부르며 예우했습니다. 1105년 고려 숙종 때에 탐라는 국가의 지위를 박탈당했고 고려의 행정 구역으로 편입되었어요. 1211년에 '**제주**'로 이름도 바뀌었어요. 제주는 '바다 건너 큰 고을'이라는 뜻이에요.

삼별초 최후의 항전지에요

오랜 기간 동안 강화도에서 몽골에 맞서 싸운 고려는 결국 항복하고 개경으로 돌아갑니다. 항복에 반대한 삼별초는 강화도에서 진도로, 진도에서 제주도로 옮겨가며 몽골에 끝까지 저항했습니다. **김통정 장군**이 이끄는 삼별초는 제주도에서 **항파두리성**을 쌓고 치열한 전투를 벌였지만, 고려와 몽골 연합군에 결국 패배하고 말았습니다.

원나라의 전쟁기지였어요

원나라(몽골)는 일본까지 정벌하기 위해 제주도를 **전쟁기지**로 삼았습니다. 중산간 지대의 나무를 베어 배를 만들고 해발 600m까지 나무를 불태워 초원으로 만들었어요. 초원은 군사용 말을 키우는 **목마장**이 되었어요. 목마장 관리인은 모두 몽골인이었습니다.

말 탄 *다루가치

*별 성(星) 자를 한자로 씁니다. 넓은 바다를 항해할 때 별자리를 이용한 풍습이 반영된 것입니다.

고려 초기 독립국이던 탐라
탐라 사람들은 고려의 과거시험 중에 외국인이 치는 빈공과에 응시했습니다. 고려 초기에 탐라가 독립국의 지위를 가졌다는 것을 알 수 있습니다.

삼별초 항쟁

독립국의 지위를 박탈당한 탐라 (1105년)
고려 숙종은 탐라국의 지위를 박탈하고 탐라를 고려에 속한 하나의 행정 구역으로 만들었습니다.

탐라국에서 제주로 변경 (1211년)
섬의 이름이 탐라에서 '바다 건너 큰 마을'이라는 뜻의 제주로 바뀌게 됩니다.

몽골 침략에 항복한 고려 (1270년)
약 40년에 걸친 몽골과의 전쟁으로 무신정권이 무너지고 고려 왕은 몽골에 항복합니다. 몽골은 고려에게 강화도에서 개경으로 환도할 것과 고려 왕이 직접 몽골에 들어올 것을 요구합니다.

원나라의 통치를 받는 제주 (1275년)
원나라는 제주에 **탐라총관부**라는 관청을 설치하고 *다루가치를 파견해서 제주를 직접 관리하고 목장에서 말을 길러 바치도록 했어요.

탐라총관부

목호의 난과 최영 장군의 토벌 (1372~1374년)
제주도에서 말을 기르던 몽골인 목호들은 명나라에 말을 보낼 수 없다며 반란을 일으킵니다. 공민왕의 명령을 받은 최영 장군은 목호군과 이들을 따랐던 제주 사람들을 토벌했습니다.

제주마 2천 필을 요구한 명나라 (1374년)
제주도를 지배하던 원나라가 멸망한 후에 권력을 잡은 명나라는 제주도를 고려 땅으로 인정하는 대신 말 2천 필을 요구했습니다.

*다루가치 : 원나라가 고려의 각 지방을 다스리기 위해 보내는 관리입니다.

918년 고려 건국

936년 후삼국 통일

1232년 고려 강화 천도

1388년 위화도 회군

1392년 조선 건국

조선시대의 제주

조선시대에 제주는 나라가 관리하는 중요한 지역이었습니다. 제주는 군사적으로는 일본과 중국 사이에서 나라를 지키고, 경제적으로는 말과 귤, 전복, 미역, 황칠 같은 특별한 자원을 생산하는 곳이었지요. 조선은 제주를 전라도에 속한 **제주목**으로 정하고 **제주 목사**를 파견하여 직접 다스렸어요.

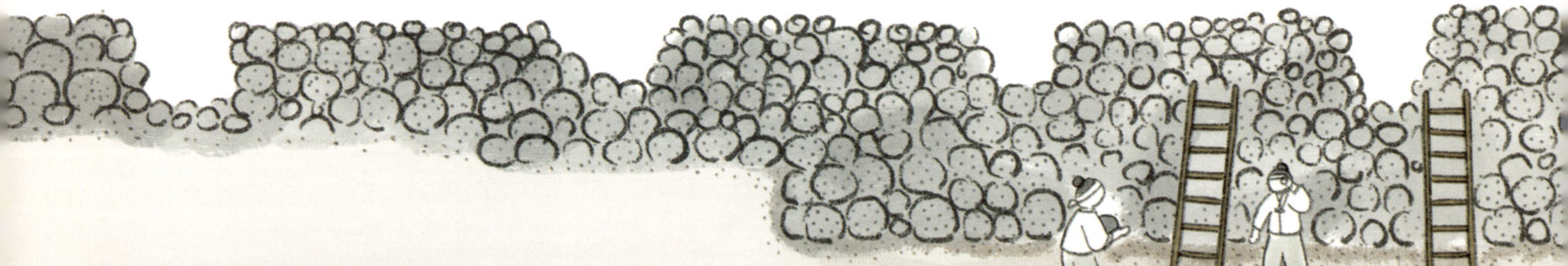

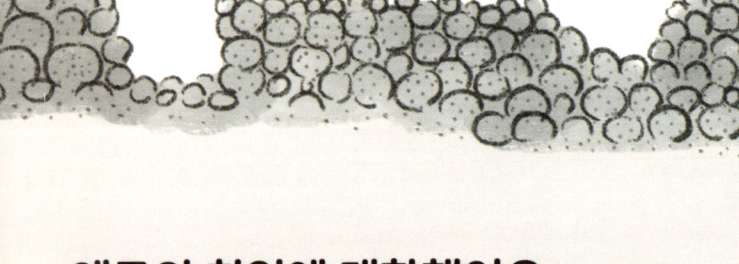

왜구의 침입에 대항했어요

왜구를 생포하고 서울로 압송
제주도는 다른 어떤 지역보다 왜구의 피해가 심했습니다. 특히, 1433년(세종 15년)에는 여러 차례 왜선이 나타나 수십 명의 제주 사람을 죽이거나 납치하고 곡식과 옷감을 약탈했어요. 대정 현감은 왜구와 싸워 49명을 생포해서 한양으로 압송했어요.

사람들이 섬을 탈출했어요

조선 초기 늘어나는 제주도 인구
조선이 안정되자 제주도의 인구가 빠르게 늘어났어요. 세종 때는 고려시대에 비해 인구가 6배나 넘게 늘어났어요. 인구를 조절하기 위해 세종은 전라도와 충청도로 제주 사람들을 이주시켰고, 도둑같은 범죄자들은 황해도나 평안도로 이주시켰습니다.

무리한 공물로 고통받는 제주 사람
감귤은 제주도에서만 나는 특산물이어서 오히려 제주 사람을 괴롭히는 작물이 되었어요. 가뭄과 흉년으로 생산량이 줄었을 때도 나라에서는 같은 양의 공물을 거둬들였기 때문이에요. 제주 사람들은 폭정을 견디다 못해 몰래 감귤나무를 불태우기도 했습니다.

봉수대와 연대

왜구의 침입을 알리기 위해서 제주도의 해안선을 따라서 언덕이나 오름에 봉수대와 연대를 세웠어요. 적이 나타나면 낮에는 연기를 피우고 밤에는 횃불을 밝혔어요. 신호는 근처 봉수대와 연대를 거쳐 온 섬으로 퍼졌어요.

조선 중기 도망가는 사람들

무리한 공물과 부역, 관리들의 수탈, 왜구의 노략질, 흉년 등으로 사람들은 살기가 힘들어졌어요. 성종 때부터 약 150여 년간 제주도 사람들이 섬 밖으로 도망가서 제주 인구가 급격히 줄어들었습니다. 도망간 사람들은 바다 건너 경상도와 전라도 해안지방에 터를 잡았습니다. 말과 생활 풍습이 달라서 육지 사람들과 어울리기 어려웠기에 자기들끼리 모여 살았어요. 육지에 정착한 제주 사람들은 한라산의 다른 이름인 두모악, 도독야지, 두무악 등으로 불렸습니다.

조선 중기부터 200여 년간 출륙금지령

제주도의 인구가 감소하면 특산물을 키우고, 공물을 내고, 부역을 하는 사람들이 줄어들어서 조정에서는 큰 문제였어요. 1629년(인조 7년)에 왕은 결국 제주에 출륙금지령을 내렸어요. 이때부터 무려 200여 년 동안 제주 사람들은 육지로 가지 못하고 섬에 갇혀 살았습니다.

1392년 조선 건국

1394년 한양 천도

1446년 세종 28년 훈민정음 반포

1485년 성종 16년 경국대전 완성

1592년 선조 25년 임진왜란 발발

1636년 인조 14년 병자호란 발발

제주를 기록으로 남겼어요

제주 목사 이형상은 자신이 다스렸던 한라산 북쪽의 제주목뿐만 아니라 한라산 남동쪽 정의현과 남서쪽 대정현까지 두루 돌아보고, 당시 제주의 모습과 자신이 겪은 중요한 순간들을 화공 김남길에게 그리게 했어요. 총 41면의 그림과 서문 2연으로 엮어 《탐라순력도》를 만들었습니다.

제주 목사 이형상
1702년에 제주 목사 겸 병마수군절제사로 부임했어요. 그는 제주목 이외에도 제주 전체의 행정과 군사를 움직일 권한을 장악했습니다. 제주의 풍속을 유교 문화로 바꾸려 힘썼어요. 1700년대 제주의 모습을 《탐라순력도》에 생생히 기록하도록 했습니다.

탐라순력도_제주양로
이형상 목사가 제주목 관아에서 양로연을 여는 장면이에요. 유교의 나라인 조선에서는 노인을 공경하는 것을 중요하게 여겼어요. 노인들을 위해 음악을 연주하고 술과 음식을 대접했어요. 그림에는 춤을 추며 흥을 돋우는 모습이 보여요.

제주의 역사 인물

유배 온 왕, 광해군
제주도는 고려시대부터 죄인을 귀양 보내는 유배지였습니다. 특히 조선시대에는 약 500년 동안 거의 200여 명이 유배를 왔는데 그중 왕이었던 광해군도 있었답니다. 그는 가시덤불로 둘러싼 이중 돌담집에서 쓸쓸히 살다가 세상을 떠났어요. 제주 사람들은 광해군이 죽은 음력 7월 1일 무렵에 내리는 비를 '광해우'라고 부르며 그를 측은하게 여겼어요.

거상 김만덕
김만덕은 제주 특산물인 미역, 전복, 말총, 갓양태 등을 육지에 팔았고, 육지에서 쌀, 소금, 옷감, 장신구 등을 들여와 장사해서 부자가 되었어요. 1790년(정조 14년)부터 5년간 제주에 흉년이 들어 사람들이 굶어 죽게 되었을 때에 그녀는 전 재산을 털어 육지에서 곡물을 사들여 사람들을 먹였어요. 정조는 김만덕을 궁궐로 불러서 칭찬하고 그녀의 소원대로 금강산 유람을 허락했답니다.

탐라순력도_공마봉진

나라에 진상하는 제주마들을 이형상 목사가 확인하는 모습입니다. 말테우리가 끌고 온 말들은 임금이 탈 어승마 20필, 연례마 8필, 임금의 생일을 축하하여 바치는 20필의 말이었고, 검은 소도 20수가 포함되었습니다.

이재수의 난

이재수는 1882년에 제주 대정군에서 태어났어요. 당시 제주에는 선교하러 들어온 프랑스 신부들이 있었는데 그들이 전통을 업신여기며 제주 사람들을 무시했답니다. 천주교도 중에는 백성들을 착취하던 지배 세력과 엄청난 세금을 거두던 봉세관도 있었어요.

1901년에 이재수, 오재현, 강우백 등이 민란을 일으켜서 제주 사람들을 괴롭히는 천주교인들을 처형했어요. 그 일이 있고 난 뒤에 프랑스 공사는 민란의 주동자들을 처형할 것을 조정에 요구했어요. 그 결과 이재수는 사형을 당했어요.

1708년 숙종 34년 대동법 전국 시행

1796년 정조 20년 수원화성 축조

1876년 고종 13년 강화도조약 체결

1894년 고종 31년 동학농민운동

1897년 대한제국 수립

1910년 국권 파탈

43

일제강점기의 제주

일제강점기에 제주는 전라남도에 속한 행정구역이었어요. 1918년부터 제주에서는 항일 독립운동이 활발하게 일어났습니다.

항일 독립운동

서울에서 만세 운동에 참여한 김장학은 3.1독립선언서를 가지고 고향인 제주로 내려왔습니다. 이때부터 제주에서 독립만세 운동이 시작되었어요.

제주 법정사 항일 운동 (1918년)

법정사 승려들과 인근 마을 주민들의 무장 항일 운동은 제주 최초의 항일 운동이자, 종교계가 중심에 선 독립운동이에요. 이는 3.1 운동으로 이어졌습니다.

조천만세운동 (1919년)

조천 미밋동산에 모인 600여 명의 사람들이 경찰과 충돌했어요. 주동자들은 체포되었지만, 며칠 후 조천읍 장날에는 두배가 넘는 1,500여 명이 만세운동을 벌였어요. 이 사건으로 감옥에 갔다 온 사람들은 미밋동산 동지회를 만들고 항일 운동을 계속했습니다.

일제의 군사 요새

제2차 세계대전이 막바지에 이르면서 일본은 미국으로부터 일본 본토를 지키기 위해서 제주도를 군사 요새로 만듭니다. 무려 7만 명의 일본군이 제주도에 주둔했고 비행장 활주로와 격납고, 방공호를 만들었습니다. 요새 건설을 위해 동원된 제주도 사람들의 고통은 극심했어요. 힘겨운 노동으로 부상을 입거나 죽는 사람도 많았습니다.

알뜨르 비행장은 일본군이 적을 감시하고 전투기를 배치한 요새입니다.

송악산 해안의 일본군 진지동굴

제주해녀항일운동 (1932년)
1930년대에 제주도의 가장 큰 항일 운동은 여성들이 이끌었어요. 제주도 앞바다에 일본 어민들이 나타나 마음대로 전복을 채취하고 온갖 행패도 부렸습니다. 해녀들은 생존권을 지키기 위해 해녀회를 조직하였고 목숨을 내걸고 일본 경찰에 대항했습니다.

일제의 자원 수탈

제주 앞바다를 침입한 일본 어민들은 현대식 잠수 장비를 동원해서 바다 자원을 수탈했어요. 이들이 캐서 일본으로 가져가는 전복은 해녀들이 캐는 전복 양의 수백 배에 달했어요.

일본 잠수부 머구리

1910년	국권 파탈
1919년	3.1운동 / 대한민국 임시정부 수립
1931년	만주사변
1937년	중일전쟁 발발
1941년	태평양전쟁 발발
1945년	8.15 광복

광복 이후, 제주 4·3

광복 이후에 제주는 전라도에서 분리되어서 도 단위 행정구역인 제주도로 바뀝니다. 이때 육지로 갔던 제주 사람 6만여 명이 고향으로 돌아왔습니다. 인구가 늘어나면서 일자리가 부족해졌고 전염병이 유행했어요. 일제강점기에 활동했던 친일 경찰 대부분이 미군정의 경찰이 되었는데 이들은 미군정의 힘을 등에 업고 또다시 제주 사람들을 괴롭혔습니다.

1 3.1절 기념 행사
삼일절 기념행사 중에 경찰이 쏜 총을 맞고 행사에 참여한 6명이 사망했어요.

2 총파업
제주 사람들은 이에 항의하며 총파업을 했어요. 미군정은 파업 참여자를 체포하고 탄압했지요. 여기에 남한만의 단독선거를 반대하는 세력까지 제주 사람들과 합세해서 제주도의 혼란은 더욱 심해졌어요.

5 정부의 공식 사과
2003년 노무현 대통령은 제주 4.3사건 당시에 제주도민이 국가 권력에 의해 대규모로 희생되었다는 것을 인정하고 공식으로 사과했어요. 2001년 5월 30일까지 제주 4.3 사건 위원회에는 행방불명자 3,171명과 사망자 1만 715명이 신고되었어요. 하지만 실제 사망자는 3만 명이 넘었을 것으로 짐작하고 있어요.

북촌리 4.3 유적지에 있는 애기무덤

제주 4.3 사건 발생

남한만의 단독 선거를 반대하는 무장봉기가 시작됐어요. 미군정이 이를 강력하게 진압했지요. 시위대와 양민들은 토벌대를 피하고 무장투쟁을 이어 가기 위해 중산간 지대로 피신했어요.

계엄령 선포

1948년 11월 17일에 정부가 계엄령을 선포했어요. 정부가 보낸 토벌대와 제주민 무장대가 무력 충돌을 계속하면서 중산간 마을 대부분이 불에 타서 사라졌어요. 토벌대는 무장대의 가족과 이들을 도왔다고 의심 가는 사람들을 잡아들여 무차별하게 처형했습니다.

1945년
- 8.15광복
- 미소 남북 분할 통치
- 모스크바 3국 외상 회의

1947년
- 미소 공동 위원회 결렬
- 유엔 남북한 총선거 실시 결의

1948년
- 남한 단독 총선거
- 대한민국 정부 수립

1950년
- 6.25전쟁 발발

1960년
- 4.19혁명

1987년
- 6월민주항쟁

1991년
- 남북 유엔 동시 가입

제주의 문화

"제주도의 돌집 입구에는 긴 나무 막대기 3개가 돌기둥에 걸쳐있어요."
나은이는 팔을 한껏 벌려 막대기가 길다고 이야기했어요.
맞아요! 제주도에서는 기다란 세 개의 막대기가 대문 역할을 해요.
세 개의 막대기 한 쪽이 모두 바닥에 내려져 있다면 "집에 주인이 있어요. 어서 들어오세요."라는 뜻입니다.
이때는 주인이 문을 열어주지 않아도 집안으로 성큼 들어가도 된답니다.
제주도의 독특한 문화에는 또 무엇이 있을까요?

설문대 할망 신화

오랜 옛날 탐라에는 몸집이 매우 크고 힘이 센 설문대 할망이 살고 있었습니다. 덩치가 너무 커서 제대로 된 옷이 없었던 설문대 할망이 하루는 제주 사람들에게 자신이 입을 명주 속옷 한 벌만 지어 주면 육지까지 다리를 놓아주겠다고 약속했습니다. 할망의 속옷을 만들기 위해서는 100통의 명주가 필요했는데 제주 사람들은 99통 밖에 모으지 못했고 결국 속옷을 만들 수 없었답니다. 속옷을 얻지 못한 설문대 할망은 다리 놓는 일을 그만두었고, 제주는 섬으로 남게 되었어요.

할망이 치마폭에 흙을 담아 옮기며 한라산을 만드는데 치마에 구멍이 났어요. 구멍 아래로 떨어진 흙덩이는 300개가 넘는 오름이 되었어요.

할망이 던진 한라산 봉우리는 서귀포에 있는 산방산이 되었어요.

마을 구경

제주 사람들은 물을 구할 수 있는 곳에 모여 살았어요. 마르지 않는 샘이 있는 곳, 물웅덩이가 있는 중산간 지역, 용천수가 솟아나는 바닷가에 큰 마을을 이루었습니다. 제주 사람들은 척박한 자연환경을 지혜롭게 극복하며 소박하게 살았습니다.

거센 바람을 피해 나지막한 지붕의 집들이 옹기종기 모여 있습니다.

거센 바람의 영향을 덜 받기 위해 집과 밭, 무덤 주변을 돌로 쌓아 담을 둘렀습니다.

화산 활동으로 생겨난 제주도는 온통 현무암 바위투성입니다. 위에서 내려다보면 구불구불 이어진 검은 돌담이 마치 꿈틀대는 검은 용 같아요.

옛날부터 사람들은 제주도를 돌, 바람, 여자가 많은 **삼다도**라고 불렀습니다. 또 제주도는 거지, 도둑, 대문, 세 가지가 없다하여 **삼무도**로 알려졌습니다.

제주의 **밭담**은 지구 반 바퀴를 돌고도 남을 만큼 길어요.

현무암으로 만들어진 **돌하르방**은 벙거지를 쓰고 두 손을 배 위에 얹고 있어요. 툭 불거진 눈과 뭉툭한 코는 무뚝뚝하지만 정다운 얼굴이에요. 돌하르방은 마을을 지켜주는 수호신이며 마을의 경계를 알려주는 이정표의 역할을 했어요.

마을 입구에는 큰 그늘을 만드는 **팽나무**가 있어요. 마을 사람들이 모여서 도란도란 이야기를 나누었어요.

마을 입구에서 각 집의 마당으로 이어지는 좁은 골목길을 **올레**라고 해요. 서로의 집이 들여다보이지 않도록 집의 입구를 엇갈려 배치했어요.

제주 돌집

마을의 올레길을 걸어 들어가면 바람을 피해 낮게 엎드려 있는 제주 전통 집이 있습니다. 마당을 중심으로 **안거리**(안채), **밖거리**(바깥채), **모거리**(별채)가 있어요. 자녀가 결혼해서 세대가 나뉘면 안거리에는 결혼한 자녀가 살고 밖거리에는 부모가 살았어요. 안거리와 밖거리에는 부엌과 장독대가 따로 있어서 부모와 자식 세대는 독립적으로 생활했습니다.

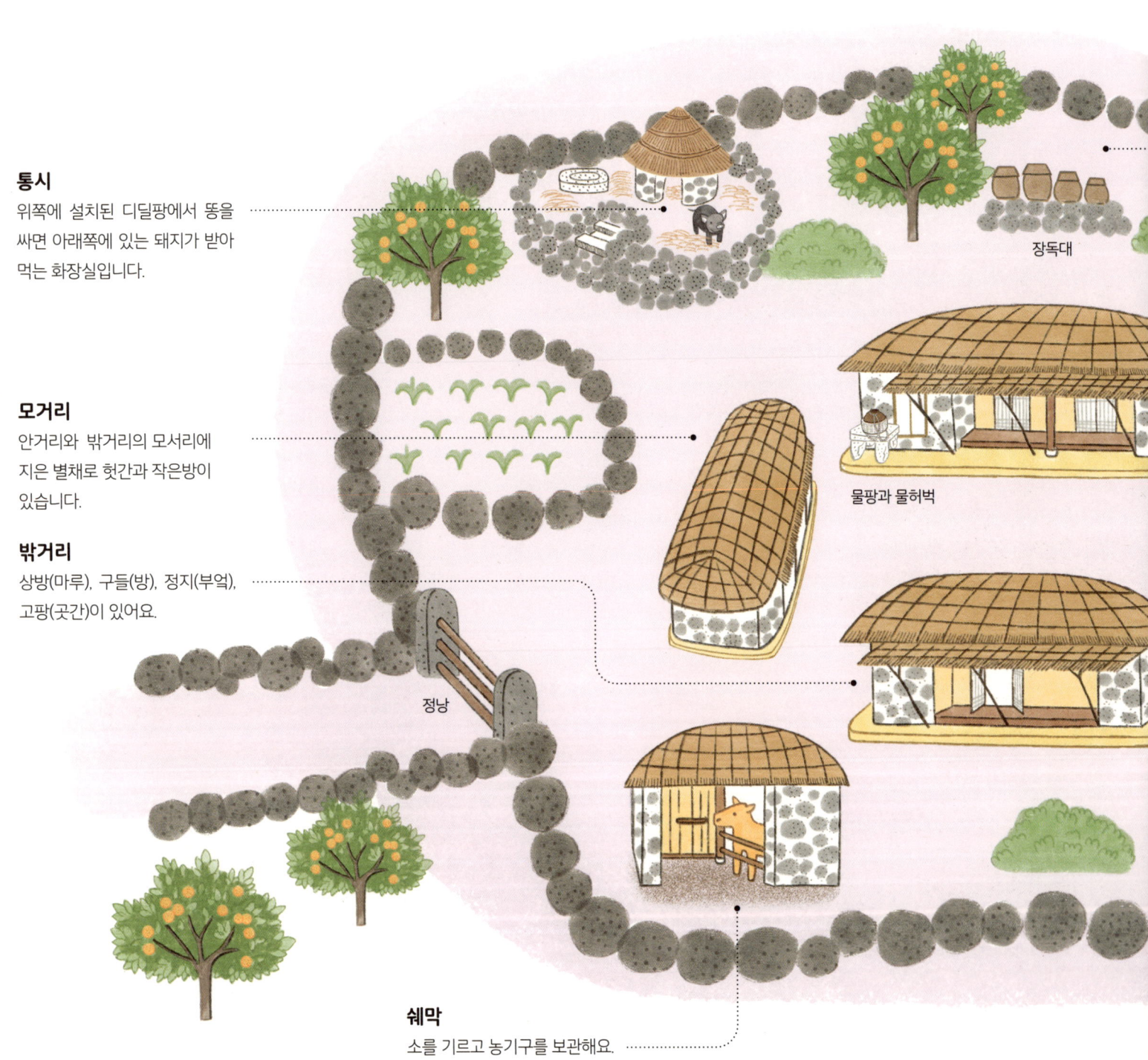

통시
위쪽에 설치된 디딜팡에서 똥을 싸면 아래쪽에 있는 돼지가 받아 먹는 화장실입니다.

모거리
안거리와 밖거리의 모서리에 지은 별채로 헛간과 작은방이 있습니다.

밖거리
상방(마루), 구들(방), 정지(부엌), 고팡(곳간)이 있어요.

장독대

물팡과 물허벅

정낭

쉐막
소를 기르고 농기구를 보관해요.

안뒤
안거리 주인만 사용했어요.
동백나무와 감나무, 귤나무 등을 심었답니다.
신에게 기도하는 공간으로 칠성신을
모시는 토신함을 두었습니다.

안거리
상방(마루), 구들(방), 정지(부엌),
고팡(곳간)이 있어요.

눌굽
비가 와도 곡식단이 잠기지 않도록
40~50cm 높이로 쌓아 편편한 눌굽
을 만들어 두었습니다.

대문 대신 정낭
제주에서는 정낭이 대문의 역할을 합니다. 양옆에 세운 정주석에 구멍 세 개를 뚫고 거기에 나무를 끼우는 방식으로 집주인이 있고 없음을 이웃에게 알렸습니다. 방목해서 키우는 소와 말이 들어오는 것을 막는 역할도 했습니다.

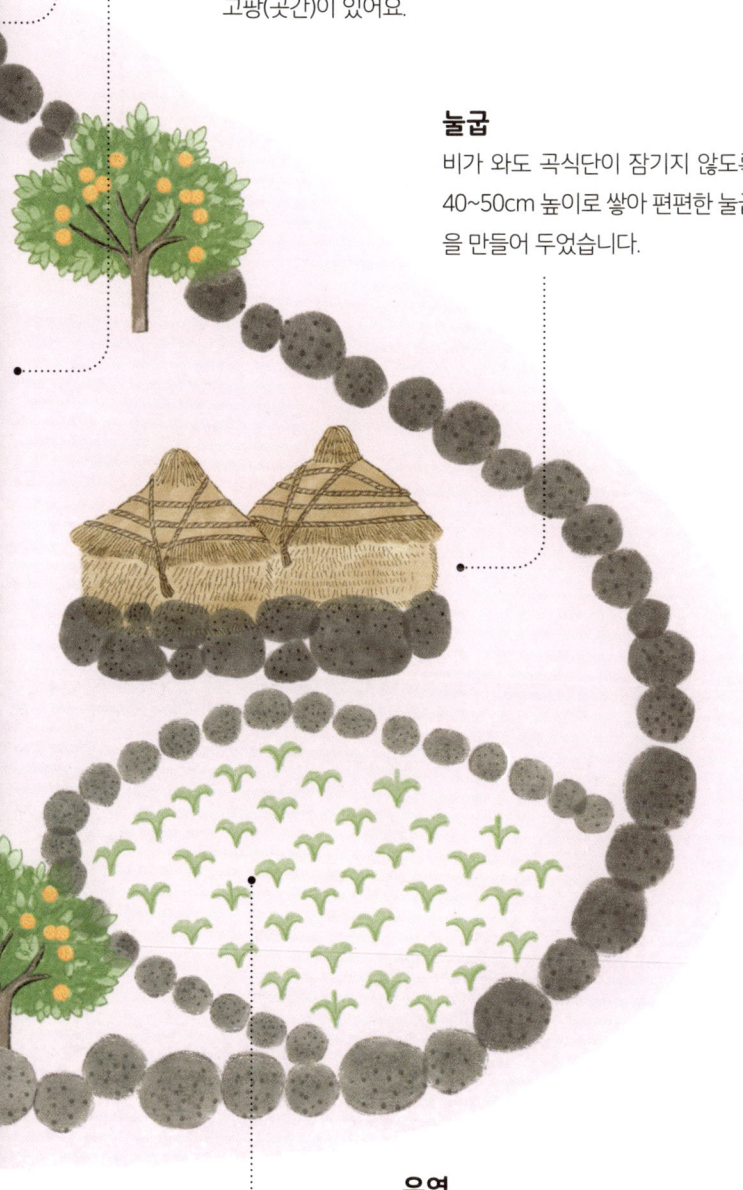

지붕 아래 풍채
햇빛이 강한 날은 차양막으로 쓰고, 궂은날에는 내려서 비나 눈이 들이치는 것을 막았어요.

꽁꽁 묶은 지붕
바람에 날아가지 않도록 낮고 둥글게 만든 다음 새끼를 꼬아 만든 띠줄로 꽁꽁 동여맸어요.

물팡과 물허벅
물을 길어 올 때에 사용하던 항아리가 물허벅이에요. 부엌문 옆에는 물허벅을 올려놓는 물팡이 있어요. 부엌에는 물을 모아두는 지세항아리가 있어요.

우영
채소를 키우는 텃밭이에요.

장독대
된장, 고추장, 간장 항아리를 올려놓고 보관하는 곳이에요.

돌집 안으로

제주의 전통 초가는 ㅡ자형의 겹집입니다. 겹집은 마루를 중심으로 방이나 공간이 앞뒤로 놓여있습니다. 제주의 강한 바람을 막기에 좋은 구조입니다. 안으로 들어가면 대청마루에 해당하는 상방이 있어요. 상방을 중심으로 양옆으로 난방하는 큰 구들, 작은 구들과 난방하지 않는 고팡, 상방, 챗방이 있어요. 정지는 음식을 만드는 부엌이에요.

족은구들(작은방)
자녀의 방이에요. 보통 챗방에 면해 있습니다.

정지(부엌)
육지에서는 아궁이의 불로 음식을 만들고 난방했어요. 하지만 제주도에서는 겨울철 따뜻한 날씨 때문에 취사와 난방을 분리했어요. 음식은 솟덕에서 만들었고 난방은 굴묵을 이용했어요.

챗방(식당)
정지와 상방 사이에 있는 마루에서 식사했어요. 음식을 하는 곳과 먹는 곳이 명확하게 분리된 것도 제주 전통 가옥의 특징 중 하나입니다.

상방(대청마루)
육지의 대청마루와 같아요. 앞마당과 뒷마당으로 열려있어요. 집의 중심이라서 방과 부엌으로 드나들 수 있어요. 가족이 모이는 중요한 곳이에요.

고팡(곳간)
곡식과 살림살이를 보관하는 광이에요. 중요한 공간이라 집의 가장 안쪽에 있어요. 밖거리에 살고 있는 자식에게 안거리를 내어주는 걸 '고팡물림'이라 했습니다. 소중한 곡식이 썩지 않도록 작은 창문을 만들어서 볕이 잘 들고 바람이 잘 통하게 했어요.

큰구들(큰방)
큰방에는 난방하기 위한 굴묵(온돌)이 있어요. 온돌 시설이 있는 방을 구들이라고 합니다. 큰방 뒤에 살림살이를 보관하는 고팡을 두었습니다.

낭간(툇마루)
상방에서 마당을 나가는 사이 공간이에요. 비바람이 치는 날에는 비가 상방에 들이치지 않도록 막아주고, 맑은 날에는 따사로운 햇볕을 쬘 수 있는 곳입니다.

솟덕강
벽과 솟덕 사이 공간에 재를 쌓아 두었다가 밭에 거름으로 사용했어요.

취사는 솟덕
돌을 세우고 그 위에 솥을 걸어서 조리를 할 수 있는 솟덕을 만들었어요. 제주에서는 조리와 난방시설을 따로 만들었어요.

난방은 굴묵
돌멩이를 괴어 만든 난방시설이에요. 말린 말똥과 소똥, 보리 까끄라기를 땔감으로 썼어요.

부섭(돌화로)
상방에 두고 제사 음식을 만들 때나 난방을 할 때 이용했어요.

장방(벽장)
구들 안에는 굴묵 쪽 벽에 이불을 넣는 벽장을 설치했습니다.

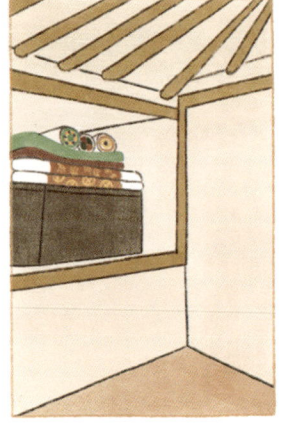

살레(찬장)
자주 사용하는 물건이나 제사에 쓰는 그릇을 보관했습니다.

중산간 사람들

한라산과 해안 지방 사이 해발 200~600m에 있는 지역을 중산간이라고 합니다. 중산간에는 **드넓은 벌판**과 **오름**들이 있고 제주의 독특한 숲인 **곶자왈**도 많습니다. 중산간 지역은 한라산에서 내려오는 차가운 바람 때문에 겨울에는 영하 10도 이하로 춥고 여름에는 비가 많이 옵니다. 중산간 사람들은 물을 구하기 쉬운 오름 기슭에 집을 짓고 살았어요. 오름과 오름 사이에 펼쳐진 거친 들을 일구어서 보리와 감자 같은 곡물을 재배하고 가축을 키웠습니다.

봄

옛날에는 봄이 되면 테우리들은 소들을 밭으로 몰고가서 땅을 지그시 밟게 했어요. 그래야 새로 돋은 보리 순이 얼거나 말라 죽지 않아요. 밭 주인들은 순서를 정해서 밭에 소 떼를 몰아넣고 소똥을 받아 거름으로 썼어요. 영양이 풍부해진 땅은 무럭무럭 보리를 키워냈습니다.

보리밭

여름

7월 14일 백중날에 테우리들은 소와 말의 번성을 비는 백중제를 지냈습니다. 사람들은 계곡과 폭포를 찾아 잠시 더위를 잊고 쉬고 놀았어요. 백중날에 물맞이를 하면 허리병이나 열병같은 잔병이 낫는다고 믿었답니다.

백중 물맞이

정동벌립
우장

비가 오면 댕댕이덩굴로 만든 정동벌립을 썼어요. 댕댕이덩굴은 물을 먹지 않는 성질이라서 비를 막아주고 촉감이 시원합니다. 정동벌립은 할아버지가 손자에게 물려주었습니다.

제주 산과 들에 흔한 식물인 띠로 비옷인 우장을 만들었어요. 중산간 숲의 가시덤불을 헤치고 돌아다닐 때는 몸을 보호해 주었고, 밤에는 찬 기운을 막아줬습니다.

제주 목동, 테우리

테우리는 방목하는 소와 말을 기르는 목동입니다. 소테우리는 마을의 소들을 몰고 중산간 지대의 숲과 오름을 다니며 풀을 먹이는 일을 했습니다. 산속에 살면서 소들과 생활하는 것은 매우 고된 일이었어요.

가을

중산간의 가을밭은 소금을 뿌려 둔 듯 메밀꽃으로 하얗게 물들어요. 제주의 농경신 자청비가 가져온 곡식 가운데 하나가 메밀이에요. 제주에서는 메밀로 수제비, 국수, 범벅 등의 다양한 요리를 먹었어요. 가을에 중산간 마을에서는 메밀을 수확하느라 정신없이 바쁩니다. 제주는 우리나라에서 메밀을 가장 많이 생산하는 곳이거든요.

메밀밭

겨울

농한기인 겨울철에는 사슴, 꿩, 멧돼지, 노루, 족제비, 오소리 같은 산짐승을 사냥했어요. 꿩사냥은 보통 사람들이 고기를 먹을 수 있는 중요한 세시풍속이었습니다. 마을 사람들이 무리를 지어 꿩을 지치도록 몰아쳐서 잡았습니다.

사냥꾼들은 가죽으로 만든 옷과 신, 모자를 입었답니다. 눈밭에서 미끄러지지 않도록 테왈을 덧신었어요. 겨울에는 털두루마기를 입고 털벙거지를 쓰고 가죽신을 신었습니다.

꿩사냥

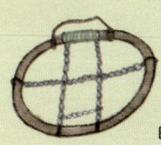 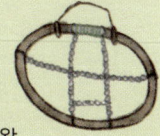

테왈

바다마을 사람들

제주도는 땅표면이 현무암과 화산흙으로 덮여있어서 비가 많이 와도 지하로 곧장 스며듭니다. 지하수는 바다를 향해 흐르다가 해안에서 솟아나는데 **용천수**라고 불렀어요. 용천수가 있는 바닷가에 사람들은 마을을 이루고 살았습니다. 제주 바다는 난류와 연안류가 교차하는 **풍부한 어장**이에요. 바다는 제주말로 '바당'이에요.

불턱
돌담을 둥글게 쌓은 불턱은 해녀들이 옷을 갈아입을 수 있는 곳이에요. 가운데 불을 피워 해녀들이 몸을 녹이기도 했어요. 또한 바다밭의 위치를 알려주거나 물질의 기술을 전수하는 소통의 장소이기도 했답니다.

해녀들은 대나무로 만든 애기구덕에 아기를 눕혀놓고 일을 했습니다.

봄 — 바람의 신을 모시는 영등굿
바람의 여신 영등할망은 북서계절풍을 타고 매년 음력 2월 초하루에 제주도로 와서 바닷가를 돌며 미역 씨, 전복 씨, 소라 씨를 뿌리고 해녀와 어부를 보살펴 줍니다. 해녀들은 영등할망에게 마을의 안전과 풍요를 기원하는 영등굿을 했어요.

여름 — 자리돔 젓갈 담기
보릿고개에 잡히는 자리돔은 배고픔을 달래주고 단백질과 칼슘을 제공해 주었어요. 보리가 누렇게 익어가는 6월이면 동네마다 자리돔 젓갈을 담그는 세시풍속이 있어요.

공동의 생활 터전, 바다밭

제주도 사람들은 바다에도 밭이 있다고 생각했어요. 바닷속 용암 암반과 돌무더기가 많은 곳에는 미역, 소라, 전복, 고기가 많아서 해녀의 밭이 되었어요. 바다마을 사람들은 미역이 많이 자라는 '메역밧', 자리돔이 사는 '자리밧', 소라가 많이 잡히는 '구젱기밧'에서 어로활동을 했습니다.

테우
옛날에는 어부들이 테우를 타고 가까운 바다로 나가 그물로 물고기를 잡았어요. 태우는 뗏목의 제주 방언이에요. 제주 사람들은 물에 잘 뜨는 한라산 구상나무를 베어 테우를 만들었어요. 테우는 해녀들을 바다까지 실어 나르는 일도 했어요. 지금은 동력선이 그 일을 대신합니다.

해녀들은 포구를 중심으로 해변과 가까운 바다에서 전복과 소라, 해삼과 미역을 따고 문어를 잡아요.

가을 — 돌염전, 소금빌레
소금빌레는 소금을 만드는 밭입니다. 넓고 평평한 현무암 암반 위에 진흙으로 물막이를 해서 소금밭을 만들었습니다. 바다마을의 여자들은 소금을 만들어서 중산간 마을의 조나 보리와 바꿔왔어요. 돌염전은 첫째 딸에게 물려주었습니다.

겨울 — 지붕 고치기
12월이면 김장 담그기와 지붕을 새로 올리는 지붕잇기를 했어요. 말린 띠(새)를 엮어 만든 이엉을 지붕에 올리고, 띠줄을 바둑판 모양으로 묶어 단단히 고정합니다. 지붕잇기는 설 전에 마무리했어요.

곡식 과일 채소

제주도의 밭은 화산암 토양으로 검은빛을 띱니다. 검은 땅에서 초록빛 무가 자라는 풍경은 제주에서만 볼 수 있어요. 육지와 다른 기후와 환경 덕분에 제주도에서는 독특한 농사법으로 지은 곡식으로 만든 개성 있는 음식이 있어요.

쌀보다 잡곡

제주도에서는 많은 물이 필요한 벼농사 대신 메밀처럼 밭에서 거두는 곡식을 키웁니다. 수확한 곡식으로 만든 빵은 제주도의 덥고 습한 날씨에도 쉽게 상하지 않아요.

메밀로 만든 빙떡
메밀가루를 묽게 반죽하여 프라이팬(빙철)에 동그랗게 둘러요. 무채를 넣어 도르르 말아 기름에 부쳐요. '빙빙 만다'라는 뜻과 빙철에 부치는 떡이라는 뜻이 있어요.

보리로 만든 상애떡
보릿가루 반죽을 발효시켜 팥소를 넣고 찐 떡입니다. 제사 때나 손님을 맞을 때 만드는 음식이었어요. 지금은 관광객들이 좋아하는 제주 특산품이 되었어요.

차조로 만든 오메기
오메기는 차조로 만든 떡입니다. 구멍 뚫린 도넛 모양으로 차조 반죽을 만드는데, 예전에는 술을 만들 때 재료로 사용했대요. 떡을 삶아 팥앙금을 묻혀서 먹습니다.

제주 대표 과일, 귤

제주도의 따뜻한 기후는 귤을 키우기에 적당합니다. 귤은 1500년 전에도 이미 제주도를 대표하는 특산물이었어요. 현재 많이 재배하는 귤은 1911년 일본에서 들여온 온주밀감이에요. 최근에는 레드향, 한라봉, 천혜향 등 새로운 종류의 귤이 큰 인기를 끌고 있어요.

왕이 사랑한 귤

왕에게 바치는 귤은 푸른 열매일 때 먹점을 찍어 따로 관리했어요. 겨울에 잘 익은 귤을 받은 왕은 성균관과 4부 학당 학생들에게 나누어 주고 '황감제'라는 시 짓기 대회를 열었어요.

사시사철 채소

채소가 귀한 겨울에도 제주도의 밭에서는 여러 작물이 자랍니다. 지난가을에 심은 감자와 무, 당근은 겨울이 끝날 무렵에 수확하고, 이른 봄에 심은 채소는 여름에 수확해요.

고기 생선 어패류

제주도는 섬이라서 바다에서 나는 생선과 해조류가 풍부합니다.
또 오래전부터 키워 온 가축에게서 고기를 얻고 있어요.

제주 흑돼지고기

제주도의 흑돼지는 제주도에서만 키워 온 검은 털의 돼지입니다. 예전에는 돼지 우리를 통시와 연결하여 사람 똥을 먹여 키웠어요. 지금은 '제주 흑돼지'로 인증을 하고 축사에서 키웁니다. 흑돼지고기를 쪄서 도마에 올려 차리는 **돔베고기**는 푸짐한 잔치 음식이에요.

말고기

고려시대 이후에는 말을 많이 키웠어요. 말고기는 제주에서 맛볼 수 있는 특별한 음식이 되었습니다. 육질이 부드러워서 샤부샤부나 전골, 육회의 재료로 쓰입니다.

목축업, 낙농업

일제강점기와 4.3 항쟁 그리고 6.25 전쟁을 거치며 제주도는 황폐해지고 가난해졌어요. 선교활동을 위해 제주도로 온 맥그린치 신부는 굶주림을 벗어날 방법을 고민했어요. 신부는 사람들을 설득해서 중산간 지대를 개간하고 돼지를 들여와 키우기 시작했어요. 맥그린치 신부가 세운 성이시돌 목장은 해방 이후에 제주에서 최초로 축산업을 시작한 곳입니다.

제주 흑돼지

제주 조랑말

성이시돌 목장의 테쉬폰

목장에 있는 테쉬폰은 신부가 고향인 아일랜드에서 배워온 방식으로 지은 집이에요. 돼지 키우는 사람들이 숙소로 사용했답니다.

꿩고기

겨울이 다가오면 제주도 사람들은 숲에 가서 꿩사냥을 했어요. 고기가 귀했던 시절에 꿩고기는 중요한 먹거리였답니다. 꿩고기는 뜨끈한 전골 요리로 즐겨 먹었고 오래 고아서 엿을 만들기도 했어요. 꿩고기를 말려서 만든 꿩적은 왕에게 바치는 진상품이었어요.

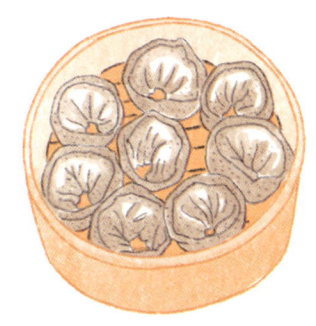

꿩고기를 다져서 채소와 섞어 빚은 **꿩만두**는 담백한 맛이에요.

생선, 해조류, 패류

난류의 영향을 많이 받는 따뜻한 제주 바다는 어자원이 풍부합니다. 그러나 예전에는 어선이 부족해서 주로 가까운 바다에서만 물고기를 잡고 해조류를 채취했어요. 동력선을 사용하는 요즘에는 먼바다에서도 조업을 합니다. 제주 바다에서 나는 먹거리는 더욱 다채로워졌습니다.

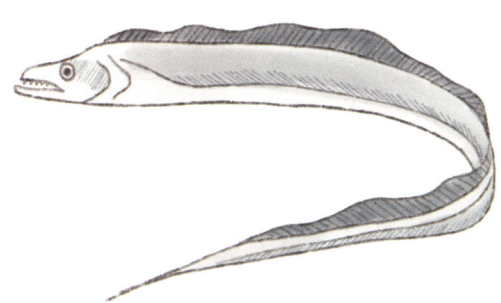

싱싱한 갈치와 호박을 넣어 끓인 **갈칫국**은 고소하고 시원한 여름의 맛이에요.

낚시로 잡아 올린 싱싱한 **갈치**는 비린내가 나지 않아서 국을 끓여 먹을 수 있어요.

크고 힘이 센 **부시리**는 여름에 맛있는 생선이에요.

손바닥보다 작고 가시가 억센 **자리돔**으로 젓갈을 담아요.

머리가 옥구슬처럼 튀어나온 **옥돔**은 제주의 바다에서 주로 잡혀요.

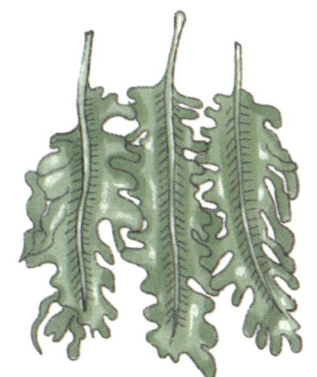

미역을 양식하기 전까지는 해녀들이 딴 제주 미역이 전국의 밥상에 올랐어요.

고소하고 담백한 자연산 **전복**은 회와 찜, 죽으로 요리해요.

전복을 아낌없이 다져 넣고 끓인 **전복죽**은 입맛을 살리는 영양식이에요.

사계절 즐거운 축제

제주도는 사계절 내내 여행하기 좋은 곳이에요. 아름다운 자연뿐 아니라 봄, 여름, 가을, 겨울 항상 축제가 열리는 즐거운 곳입니다. 축제는 제주의 아름다운 자연환경이나 특색 있는 문화와 어우러져 제주를 더욱 사랑스러운 곳으로 만든답니다.

봄

제주왕벚꽃축제
일반 벚꽃보다 꽃잎이 크고 화사한 왕벚꽃나무의 원산지는 제주예요. 봄날 밤에 달빛 아래에서 벚꽃 잎이 눈처럼 날리는 멋진 장면을 즐길 수 있어요. (애월읍 장전리, 제주시 전농로)

탐라국입춘굿놀이
제주의 1만 8천 신들이 하늘을 방문하고 다시 제주 섬으로 내려올 때, 제주 사람들이 신들을 맞이하는 굿을 벌였어요.

가파도청보리축제
가파도는 모슬포 운진항에서 배로 10분 거리예요. 매년 4~5월에 청보리 축제가 열려요. 싱그러운 청보리 들판을 보면서 섬을 한 바퀴 돌면 가슴이 뻥 뚫리고 눈이 환해져요.

여름

표선해변백사대축제
밀물 때는 표선해변이 호수처럼 보여요. 썰물 때는 길고 부드러운 백사장이 드러나 어린이들이 놀기에 딱 좋아요. 조개껍데기가 부서져 만들어진 고운 하얀 모래로 모래찜질을 즐기기도 좋아요.

이호테우축제
이호테우 해수욕장은 빨강 조랑말과 흰 조랑말 등대가 반겨주는 곳이에요. 축제에서는 테우를 타고 멸치잡이를 재현합니다. 배들이 멸치를 몰면 많은 사람이 함께 그물을 잡아당겨요.

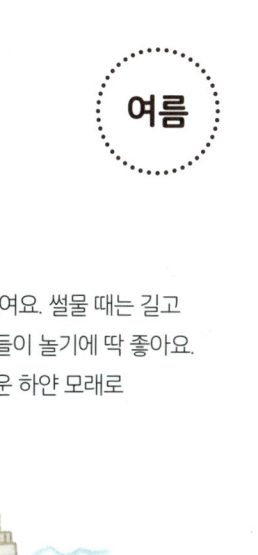

가을

제주억새꽃축제
가을이면 제주의 오름은 온통 은빛의 억새꽃이 일렁입니다. 햇빛을 받아 반짝이는 억새와 석양에 붉게 물드는 억새 물결이 근사해요. 새는 볏짚 대신 제주 초가의 지붕을 이는 이엉으로 사용했습니다.

겨울

제주 정월대보름 들불축제
제주시 애월읍 새별오름을 중심으로 열리는 정월대보름 축제에요. 봄이 오기 전에 묵은 풀과 해충을 없애기 위해 들판에 불을 놓던 옛 문화를 축제로 발전시켰어요. 오름 불 놓기가 인상적이에요

제주말로 인사해요

제주 언어는 육지의 언어와 많이 달라서 육지 사람들이 알아듣기 어렵습니다. 섬이라는 지리적 특성과 역사 때문에 자유롭게 왕래할 수 없었기 때문입니다. 조선시대 때 제주 목사로 부임한 사람들과 유배왔던 사람들이 남긴 기록에도 '말을 알아들을 수가 없었다.'라고 적혀있습니다. 이제는 제주의 독특한 언어가 거의 사라져가고 있습니다.

<한눈에 제주>에 나온 제주말

12~13p
- 오름 → 기생화산
- 굼부리 → 분화구

14p
- 곶자왈 → 덩굴이 얼크러진 원시림

50p
- 할망 → 할머니

53~57p
- 하르방 → 할아버지
- 올레 → 집까지 연결된 좁은 골목길
- 모거리 → 별채
- 안거리 → 안채
- 밖거리 → 바깥채
- 통시 → 제주 재래종 돼지 화장실
- 안뒤 → 안뒤꼍
- 장항굽 → 장독대
- 우영 → 텃밭
- 풍채 → 차양
- 눌굽 → 짚, 꼴 등을 쌓아놓은 대
- 물팡 → 물동이를 놓아두는 대
- 물허벅 → 아가리가 좁은 물항아리
- 족은구들 → 작은방
- 상방 → 마루

- 챗방 → 식당
- 낭간 → 툇마루
- 솟덕 → 취사 아궁이의 양옆에 세우는 돌
- 구들 → 장
- 굴묵 → 난방 아궁이
- 부섭 → 돌화로
- 장방 → 벽장
- 살레 → 찬장
- 고팡 → 광, 창고

58~59p
- 정동벌립 → 댕댕이덩굴 벙거지
- 테우리 → 들에서 말과 소를 방목하는 목동

60~61p
- 바당 → 바다
- 불턱 → 불을 피우기 위해 쌓은 돌담
- 구덕 → 바구니
- 메역 → 미역
- 밧 → 밭
- 구젱기 → 소라
- 테우 → 뗏목
- 빌레 → 암반지대

64p
- 돔베 → 도마

표준어	제주어
어서 오십시오.	혼저옵서.
반갑습니다, 아저씨.	반갑수다양, 삼촌.
편안(안녕)하십니까?	펜안(안녕) 하우꽈?
좀 실례합니다, 아주머니.	호끔 미안하우다, 삼촌.
정말 수고하셨습니다.	폭삭 속았수다.
어디 가십니까?	어드레 감수광?
어떻게 했어?	어떵 헨?
이것은 무엇입니까?	이거 무신거우꽈?
이거 얼마입니까?	이거 얼마꽈?
어서 와서 먹으십시오.	혼저 왕 먹읍서.
놀다가 가십시오.	놀당 갑서.
그렇게 하지 마세요.	경 호지 맙서.

이 책을 만든 사람들

글 이진희

글 전정임

인쇄·제본 아트인

홍보·마케팅 양경희

아래의 전시 내용과 자료를 참고했으므로 출처를 밝힙니다.

자연 국립생물자원관, 국립해양박물관, 문화재청, 세계자연유산센터, 유네스코생물권보전지역, 제주곶자왈도립공원, 제주도청,
제주도동굴연구소, 제주민속자연사박물관, 제주도생물권보존지역, 제주도지질공원, 제주환경운동연합, 한라산국립공원, VISIT JEJU, ebs 생명의 샘

역사 탐라순력도 체험관, 국립제주박물관, 주목 관아 누리집, 삼양도 유적 누리집, 제주 항파두리 항몽 유적 누리집, 제주 성읍마을 누리집,
한국민족문화대백과사전

문화 제주도청, 제주문화원_디지털제주문화대전, 제주민속자연사박물관, 제주생활사, 제주해녀박물관, VISIT JEJU,
제주도청 제주방언 사전, 네이버 국어사전, 제주도청 제주어 사전

귀여운 너에게 인사해

robinbooks@naver.com
@hellorobin_books
hellorobin.co.kr
blog.naver.com/robinbooks